sekolah - die Schule	2
perjalanan - die Reise	5
transportasi - der Transport	8
kota - die Stadt	10
pemandangan - die Landschaft	14
restauran - das Restaurant	17
supermarket - der Supermarkt	20
minuman - die Getränke	22
makanan - das Essen	23
pertanian - der Bauernhof	27
rumah - das Haus	31
ruang tamu - das Wohnzimmer	33
dapur - die Küche	35
kamar mandi - das Badezimmer	38
kamar anak - das Kinderzimmer	42
pakaian - die Kleidung	44
kantor - das Büro	49
ekonomi - die Wirtschaft	51
pekerjaan - die Berufe	53
alat - die Werkzeuge	56
alat musik - die Musikinstrumente	57
kebun binatang - der Zoo	59
olahraga - der Sport	62
aktivitas - die Aktivitäten	63
keluarga - die Familie	67
badan - der Körper	68
rumah sakit - das Krankenhaus	72
darurat - der Notfall	76
bumi - die Erde	77
jam - die Uhr	79
minggu - die Woche	80
tahun - das Jahr	81
bentuk - die Formen	83
warna-warna - die Farben	84
berlawanan - die Gegenteile	85
angka-angka - die Zahlen	88
bahasa-bahasa - die Sprachen	90
siapa / apa / begaimana - wer / was / wie	91
dimana - wo	92

Impressum
Verlag: BABADADA GmbH, Nedderfeld 112 , 22529 Hamburg
Geschäftsführer / Verlagsleitung: Harald Hof
Druck: Books on Demand GmbH, In de Tarpen 42, 22848 Norderstedt

Imprint
Publisher: BABADADA GmbH, Nedderfeld 112 , 22529 Hamburg, Germany
Managing Director / Publishing direction: Harald Hof
Print: Books on Demand GmbH, In de Tarpen 42, 22848 Norderstedt, Germany

sekolah
die Schule

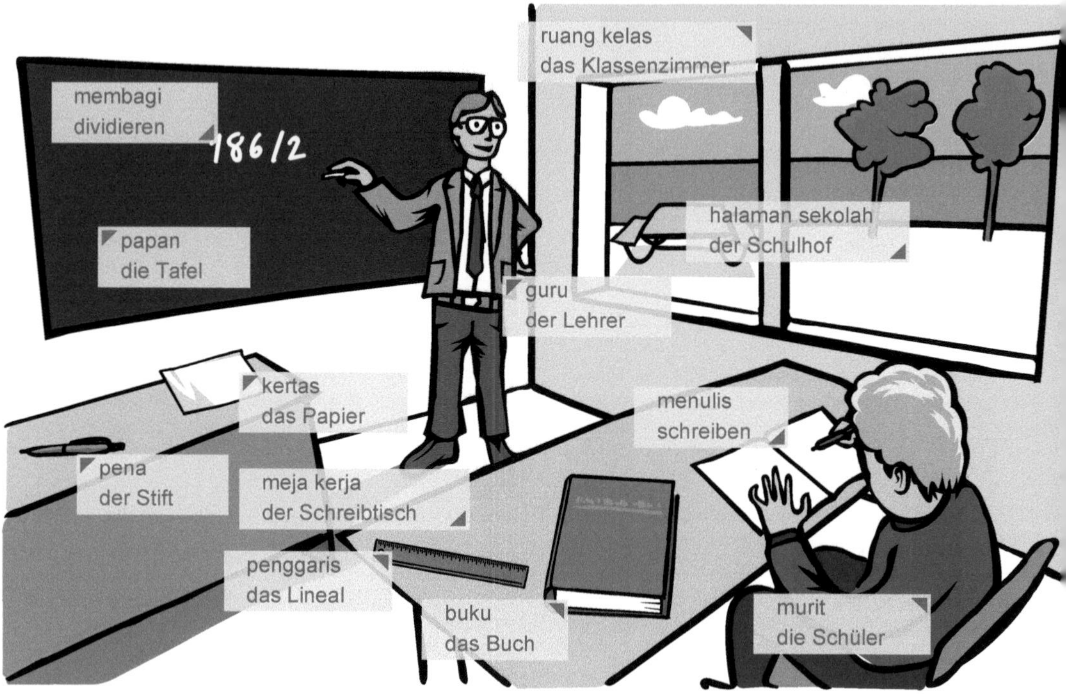
ruang kelas
das Klassenzimmer
membagi
dividieren
186/2
papan
die Tafel
halaman sekolah
der Schulhof
guru
der Lehrer
kertas
das Papier
menulis
schreiben
pena
der Stift
meja kerja
der Schreibtisch
penggaris
das Lineal
buku
das Buch
murit
die Schüler

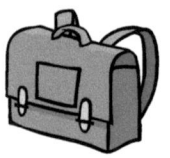

tas sekolah

der Ranzen

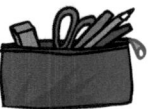

tempat pensil

die Federmappe

pensil

der Bleistift

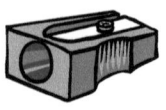

pengasah pensil

der Bleistiftanspitzer

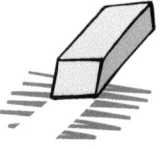

penghapus

das Radiergummi

kertas gambar

der Zeichenblock

gambar

die Zeichnung

kuas

der Pinsel

kotak cat

der Malkasten

gunting

die Schere

lem

der Klebstoff

buku latihan

das Übungsheft

pekerjaan rumah

die Hausaufgabe

12

angka

die Zahl

2+2

tambhakan

addieren

5-2

mengurangi

subtrahieren

2×2

mengalikan

multiplizieren

menghitung

rechnen

A

huruf

der Buchstabe

**ABCDEFG
HIJKLMN
OPQRSTU
VWXYZ**

alfabet

das Alphabet

kata

das Wort

teks
der Text

membaca
lesen

kapur
die Kreide

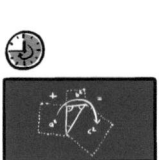

pelajaran
die Stunde

daftar
das Klassenbuch

ujian
die Prüfung

sertifikat
das Zeugnis

seragam sekolah
die Schuluniform

pendidikan
die Ausbildung

ensiklopedi
das Lexikon

universitas
die Universität

mikroskop
das Mikroskop

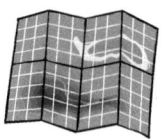

peta
die Karte

tempat sampah
der Papierkorb

perjalanan

die Reise

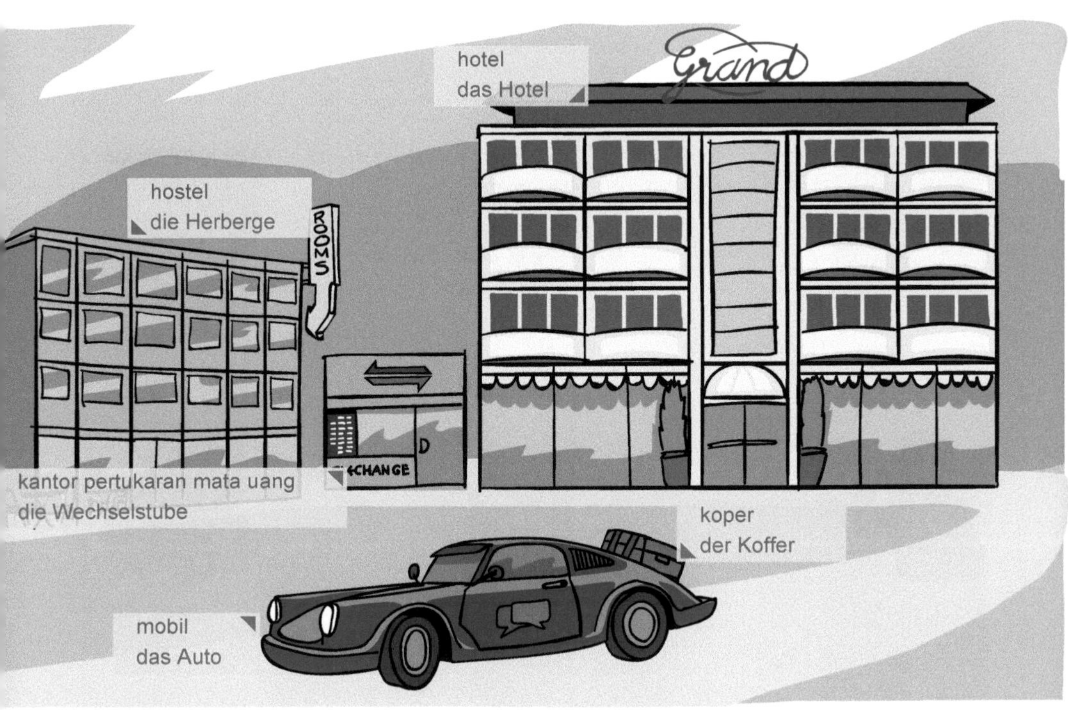
Grand
hotel
das Hotel
hostel
die Herberge
ROOMS
kantor pertukaran mata uang
die Wechselstube
koper
der Koffer
mobil
das Auto

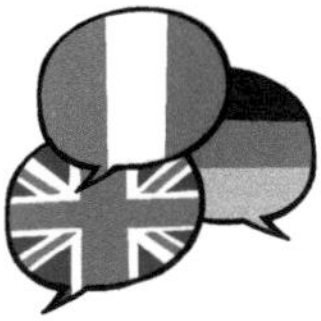

bahasa

die Sprache

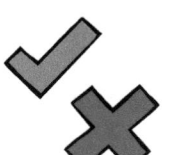

ya / tidak

ja / nein

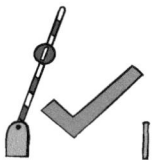

okay

Okay

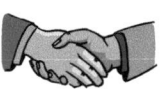

hallo

Hallo

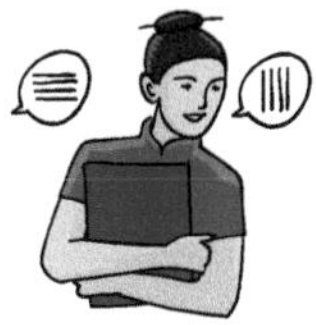

penerjemah

der Übersetzer

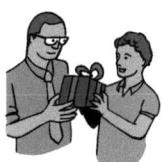

terima kasih

Danke

Berapa harganya...?

Was kostet...?

saya tidak mengerti

Ich verstehe nicht

masalah

das Problem

Selamat malam!

Guten Abend!

Selamat siang!

Guten Morgen!

Selamat tidur!

Gute Nacht!

sampai jumpa

Auf Wiedersehen

arah

die Richtung

bagasi

das Gepäck

tas

die Tasche

ransel

der Rucksack

tamu

der Gast

ruang

das Zimmer

kantong tidur

der Schlafsack

tenda

das Zelt

perjalanan - die Reise

informasi wisata

die Touristeninformation

pantai

der Strand

kartu kredit

die Kreditkarte

sarapan

das Frühstück

makan siang

das Mittagessen

makan malam

das Abendessen

tiket

die Fahrkarte

elevator

der Fahrstuhl

perangko

die Briefmarke

perbatasan

die Grenze

cukai

der Zoll

kedutaan

die Botschaft

visa

das Visum

paspor

der Pass

transportasi
der Transport

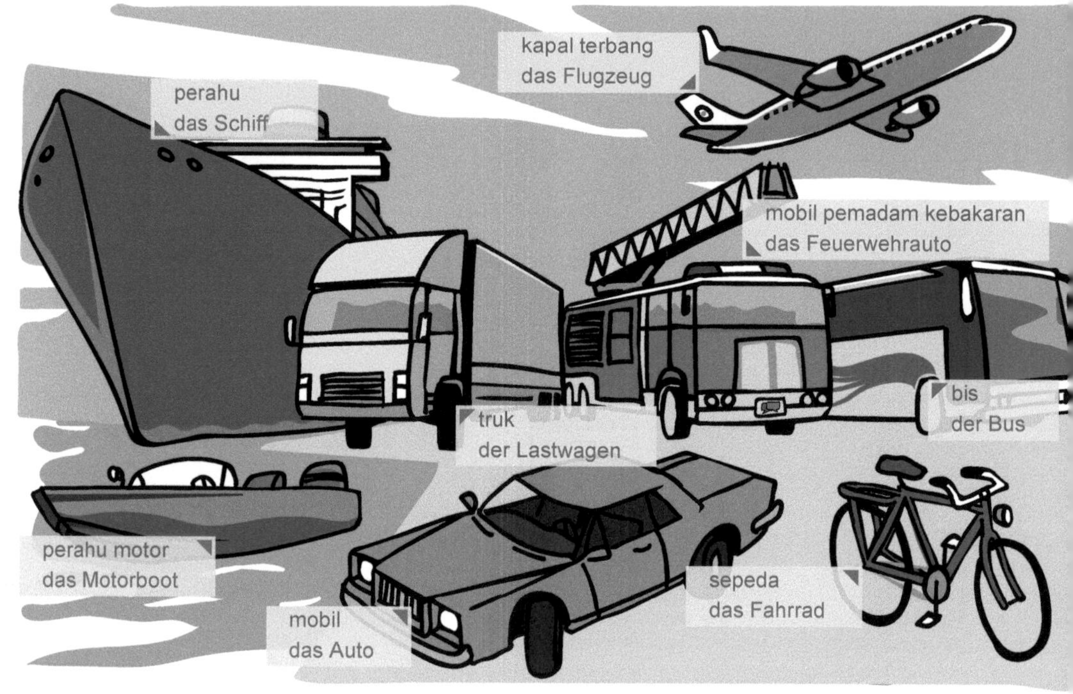

kapal terbang
das Flugzeug
perahu
das Schiff
mobil pemadam kebakaran
das Feuerwehrauto
bis
der Bus
truk
der Lastwagen
perahu motor
das Motorboot
sepeda
das Fahrrad
mobil
das Auto

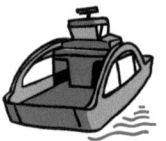

feri

die Fähre

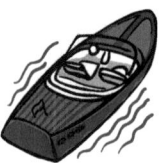

perahu

das Boot

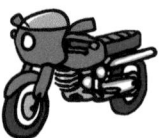

sepeda motor

das Motorrad

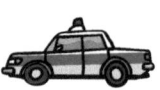

mobil polisi

das Polizeiauto

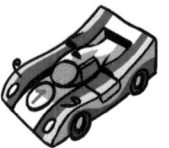

mobil balapan

das Rennauto

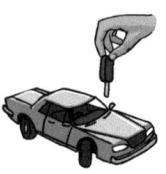

mobil sewa

der Mietwagen

berbagi mobil

das Carsharing

truk derek

der Abschleppwagen

truk sampah

das Müllauto

motor

der Motor

bahan bakar

der Kraftstoff

bensin

die Tankstelle

tanda lalulintas

das Verkehrsschild

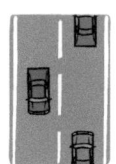

lalulintas

der Verkehr

macet

der Stau

parkir mobil

der Parkplatz

stasiun kereta

der Bahnhof

trek

die Schienen

kereta api

der Zug

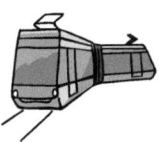

tram

die Straßenbahn

gerobak

der Wagon

helikopter

der Helikopter

bendara

der Flughafen

menara

der Tower

penumpang

der Passagier

container

der Container

karton

der Karton

troli

der Karren

keranjang

der Korb

berangkat / mendarat

starten / landen

kota

die Stadt

desa

das Dorf

pusat kota

das Stadtzentrum

rumah

das Haus

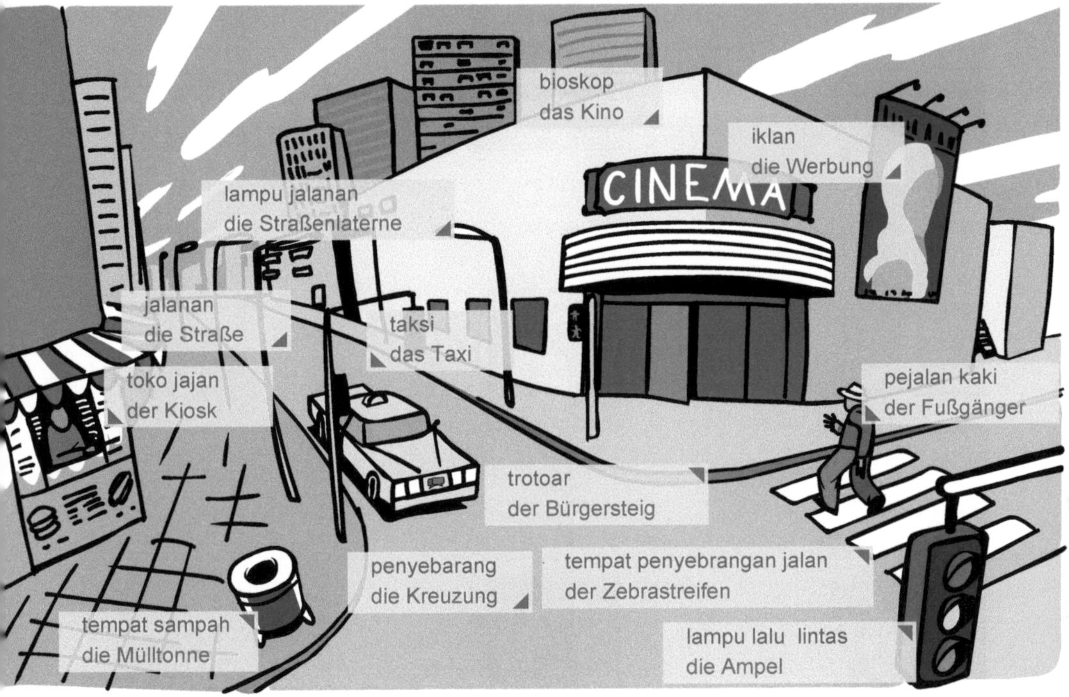

bioskop
das Kino

iklan
die Werbung

lampu jalanan
die Straßenlaterne

CINEMA

jalanan
die Straße

taksi
das Taxi

pejalan kaki
der Fußgänger

toko jajan
der Kiosk

trotoar
der Bürgersteig

penyebarang
die Kreuzung

tempat penyebrangan jalan
der Zebrastreifen

tempat sampah
die Mülltonne

lampu lalu lintas
die Ampel

gubuk
die Hütte

rumah flat
die Wohnung

stasiun kereta
der Bahnhof

balai kota
das Rathaus

museum
das Museum

sekolah
die Schule

universitas

die Universität

bank

die Bank

rumah sakit

das Krankenhaus

hotel

das Hotel

farmasi

die Apotheke

kantor

das Büro

toko buku

die Buchhandlung

toko

das Geschäft

toko bunga

der Blumenladen

supermarket

der Supermarkt

pasar

der Markt

toko serba ada

das Kaufhaus

nelayan

der Fischhändler

pusat belanja

das Einkaufszentrum

pelabuhan

der Hafen

taman

der Park

banku

die Bank

jembatan

die Brücke

tangga

die Treppe

kereta bawah tanah

die U-Bahn

terowongan

der Tunnel

pemberhantian bis

die Bushaltestelle

bar

die Bar

restauran

das Restaurant

kotak surat

der Briefkasten

tanda jalan

das Straßenschild

meteran parkir

die Parkuhr

kebun binatang

der Zoo

kolam renang

die Badeanstalt

mesjid

die Moschee

kota - die Stadt

pertanian

der Bauernhof

polusi

die Umweltverschmutzung

kuburan

der Friedhof

gereja

die Kirche

tempat bermain

der Spielplatz

pura

der Tempel

pemandangan
die Landschaft

daun
das Blatt

penunjuk arah
der Wegweiser

jalanan
der Weg

padang rumput
die Wiese

batu
der Stein

pohon
der Baum

pejalak kaki
der Wanderer

sungai
der Fluss

rumput
das Gras

bunga
die Blume

lembah
das Tal

bukit
der Berg

danau
der See

hutan
der Wald

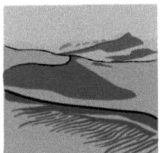

padang gurun
die Wüste

gunung berapi
der Vulkan

istana
das Schloss

pelangi
der Regenbogen

jamur
der Pilz

pohon palem
die Palme

nyamuk
der Moskito

lalat
die Fliege

semut
die Ameise

lebah
die Biene

laba-laba
die Spinne

kumbang

der Käfer

kodok

der Frosch

tupai

das Eichhörnchen

landak

der Igel

kelinci

der Hase

burung hantu

die Eule

burung

die Vogel

angsa

der Schwan

babi jantan

das Wildschwein

rusa

der Hirsch

rusa

der Elch

bendungan

der Staudamm

turbin angin

das Windrad

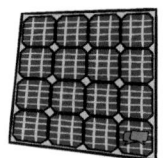

panel surya

das Solarmodul

iklim

das Klima

pemandangan - die Landschaft

restauran

das Restaurant

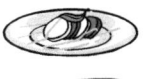

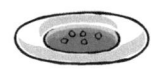

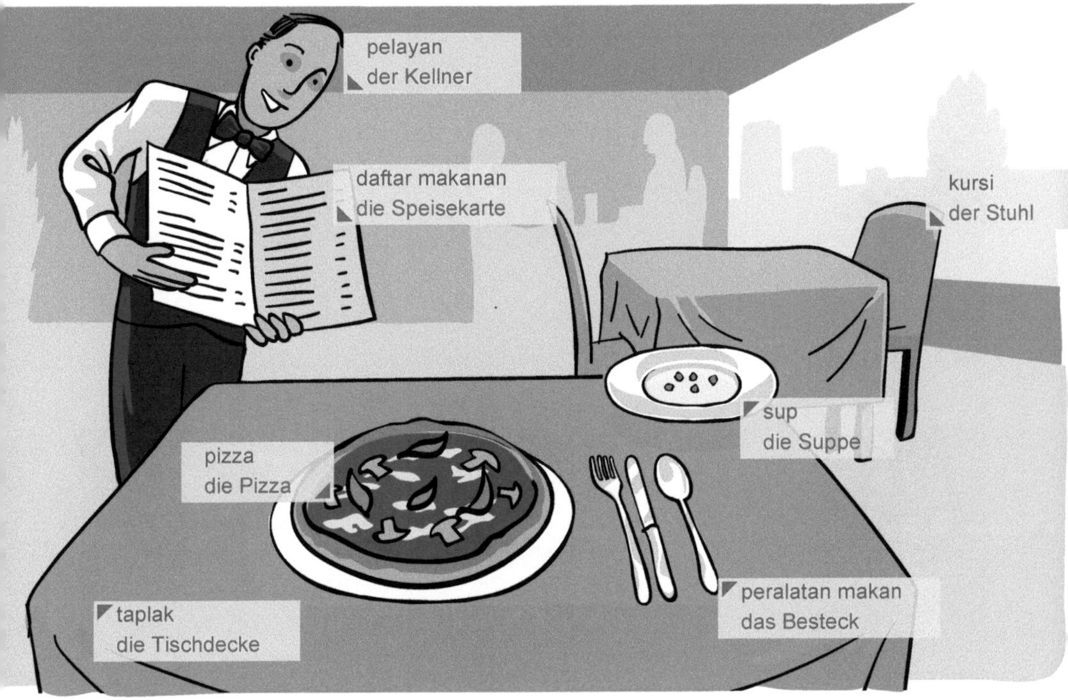
pelayan
der Kellner
daftar makanan
die Speisekarte
kursi
der Stuhl
sup
die Suppe
pizza
die Pizza
peralatan makan
das Besteck
taplak
die Tischdecke

hindangan pembuka

die Vorspeise

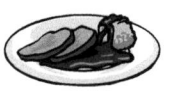

hidangan utama

das Hauptgericht

hidangan penutup

die Nachspeise

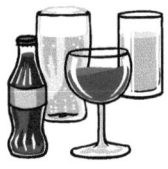

minuman

die Getränke

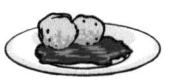

makanan

das Essen

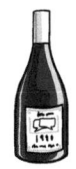

botol

die Flasche

fastfood

das Fastfood

masakan jalanan

das Streetfood

teko teh

die Teekanne

kaleng gula

die Zuckerdose

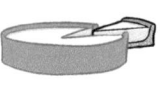

porsi

die Portion

mesin espresso

die Espressomaschine

kursi tinggi

der Hochstuhl

tagihan

die Rechnung

baki

das Tablett

pisau

das Messer

garpu

die Gabel

sendok

der Löffel

sendok teh

der Teelöffel

serbet

die Serviette

gelas

das Glas

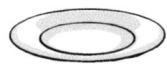

piring

der Teller

piring sup

der Suppenteller

lepek

die Untertasse

saus

die Sauce

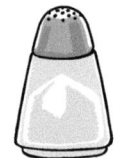

tempat garam

der Salzstreuer

gilingan merica

die Pfeffermühle

cuka

der Essig

minyak

das Öl

bumbu

die Gewürze

saus tomat

das Ketchup

mustar

der Senf

mayones

die Mayonnaise

supermarket
der Supermarkt

penawaran khusus
das Angebot
FOR
klien
der Kunde
produk susu
die Milchprodukte
buah
das Obst
troli
der Einkaufswagen

BUTCHERS

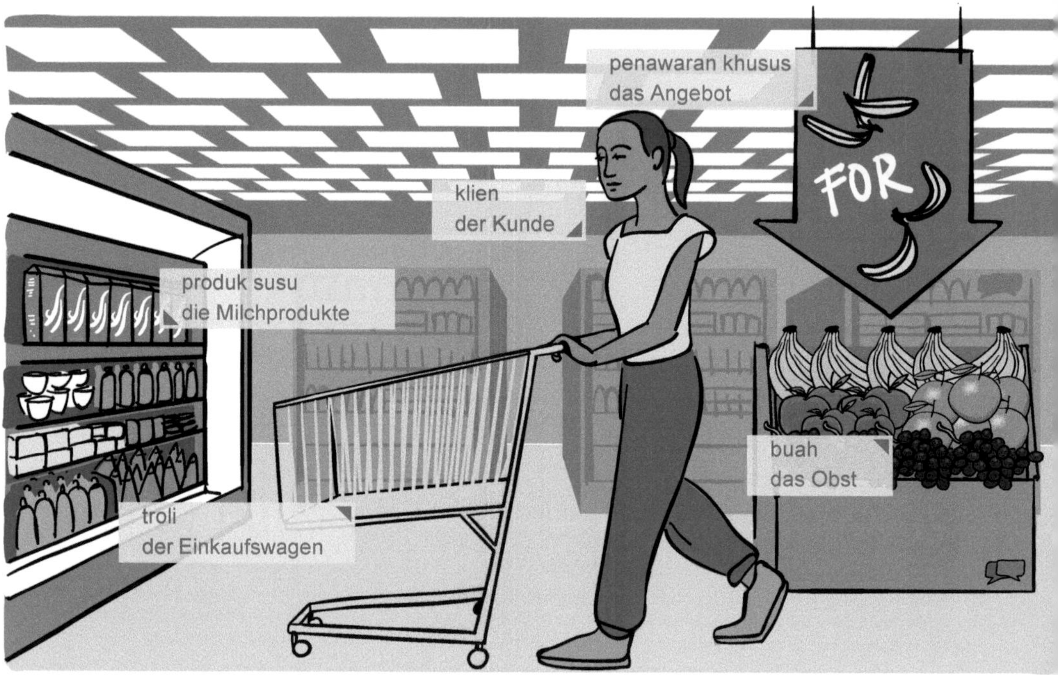

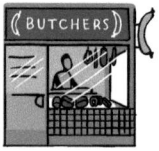

pembantai
die Schlachterei

BAKERY

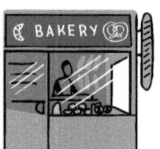

toko roti
die Bäckerei

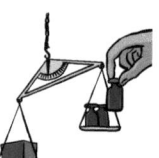

menimbang
wiegen

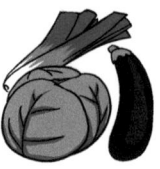

sayur
das Gemüse

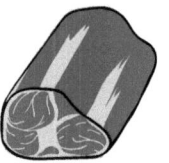

daging
das Fleisch

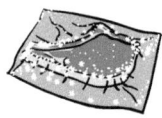

makanan beku
die Tiefkühlkost

pemotongan dingin

der Aufschnitt

makanan kaleng

die Konserven

sabun serbuk

das Waschmittel

permen

die Süßigkeiten

alat-alat rumah tangga

die Haushaltsartikel

obat pembersihan

das Reinigungsmittel

penjual

die Verkäuferin

kasa

die Kasse

kasir

der Kassierer

daftar belanja

die Einkaufsliste

jam buka

die Öffnungszeiten

dompet

die Brieftasche

kartu kredit

die Kreditkarte

tas

die Tasche

kantong plastik

die Plastiktüte

air
....
das Wasser

jus
....
der Saft

susu
....
die Milch

cola
....
die Cola

anggur
....
der Wein

bir
....
das Bier

alkohol
....
der Alkohol

coklat
....
der Kakao

teh
....
der Tee

kopi
....
der Kaffee

espresso
....
der Espresso

cappucino
....
der Cappuccino

pisang

die Banane

apel

der Apfel

jeruk

die Orange

semangka

die Melone

jeruk lemon

die Zitrone

wortel

die Karotte

bawang putih

der Knoblauch

bambu

der Bambus

bawang bombai

die Zwiebel

jamur

der Pilz

kacang

die Nüsse

mi

die Nudeln

spagetti

die Spaghetti

nasi

der Reis

salat

der Salat

kentang goreng

die Pommes frites

kentang goreng

die Bratkartoffeln

pizza

die Pizza

hamburger

der Hamburger

sandwich

das Sandwich

sayatan

das Schnitzel

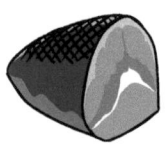

ham

der Schinken

salami

die Salami

sosis

die Wurst

ayam

das Huhn

menggoreng

der Braten

ikan

der Fisch

makanan - das Essen

bubur gandum
die Haferflocken

sereal
das Müsli

cornflakes
die Cornflakes

tepung
das Mehl

croissant
das Croissant

roti
das Brötchen

roti
das Brot

toast
der Toast

biskuit
die Kekse

mentega
die Butter

dadih
der Quark

kue
der Kuchen

telur
das Ei

telur goreng
das Spiegelei

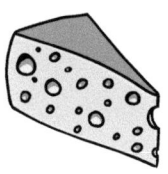

keju
der Käse

eskrim

die Eiscreme

gula

der Zucker

madu

der Honig

selai

die Marmelade

krim nugat

die Nougat-Creme

kare

das Curry

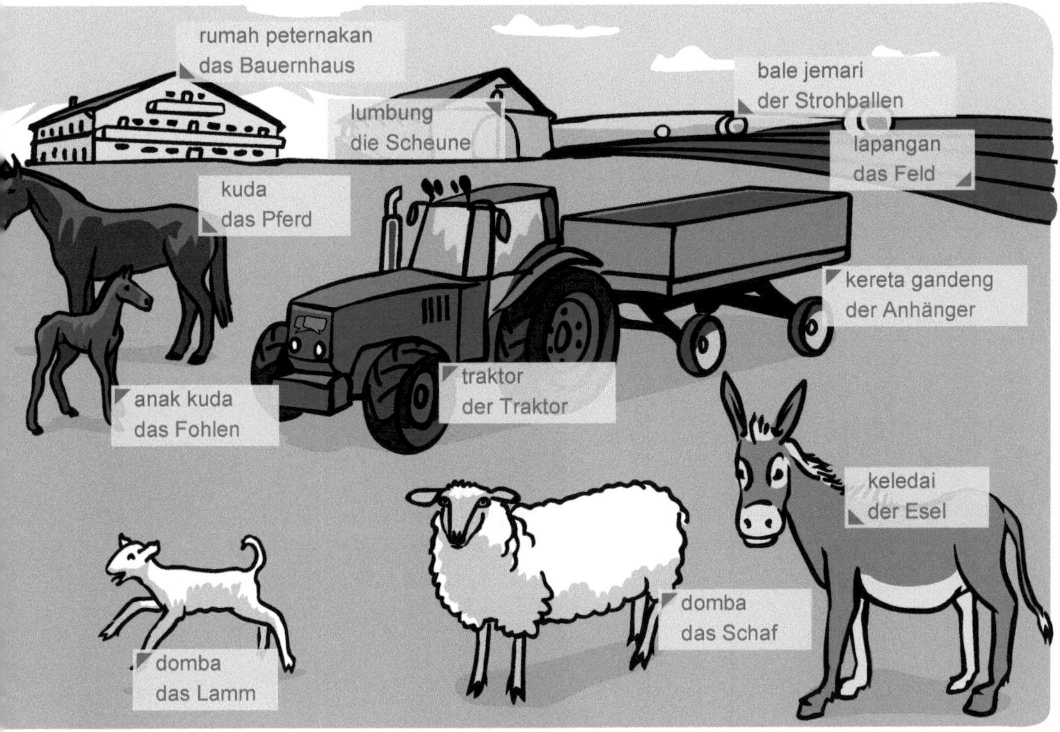

rumah peternakan
das Bauernhaus

bale jemari
der Strohballen

lumbung
die Scheune

lapangan
das Feld

kuda
das Pferd

kereta gandeng
der Anhänger

anak kuda
das Fohlen

traktor
der Traktor

keledai
der Esel

domba
das Schaf

domba
das Lamm

kambing
....
die Ziege

sapi
....
die Kuh

betis
....
das Kalb

babi
....
das Schwein

celeng
....
das Ferkel

banteng
....
der Bulle

angsa

die Gans

bebek

die Ente

anak ayam

das Küken

ayam

das Huhn

ayam jantan

der Hahn

tikus

die Ratte

kucing

die Katze

tikus

die Maus

lembu

der Ochse

anjing

der Hund

rumah anjing

die Hundehütte

selang

der Gartenschlauch

penyiram

die Gießkanne

sabit

die Sense

bajak

der Pflug

pertanian - der Bauernhof

sabit
die Sichel

cangkul
die Hacke

garpu rumput
die Mistgabel

kapak
die Axt

gerobak
die Schubkarre

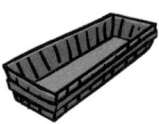

palung
der Trog

kaleng susu
die Milchkanne

karung
der Sack

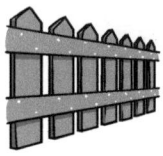

pagar
der Zaun

kandang
der Stall

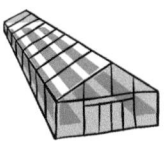

rumah kaca
das Treibhaus

tanah
der Boden

benih
die Saat

pupuk
der Dünger

mesin pemanen
der Mähdrescher

panen
ernten

panen
die Ernte

yams
die Yamswurzel

gandum
der Weizen

kedelai
das Soja

kentang
die Kartoffel

jagung
der Mais

lobak
der Raps

pohon buah
der Obstbaum

singkong
der Maniok

sereal
das Getreide

rumah
das Haus

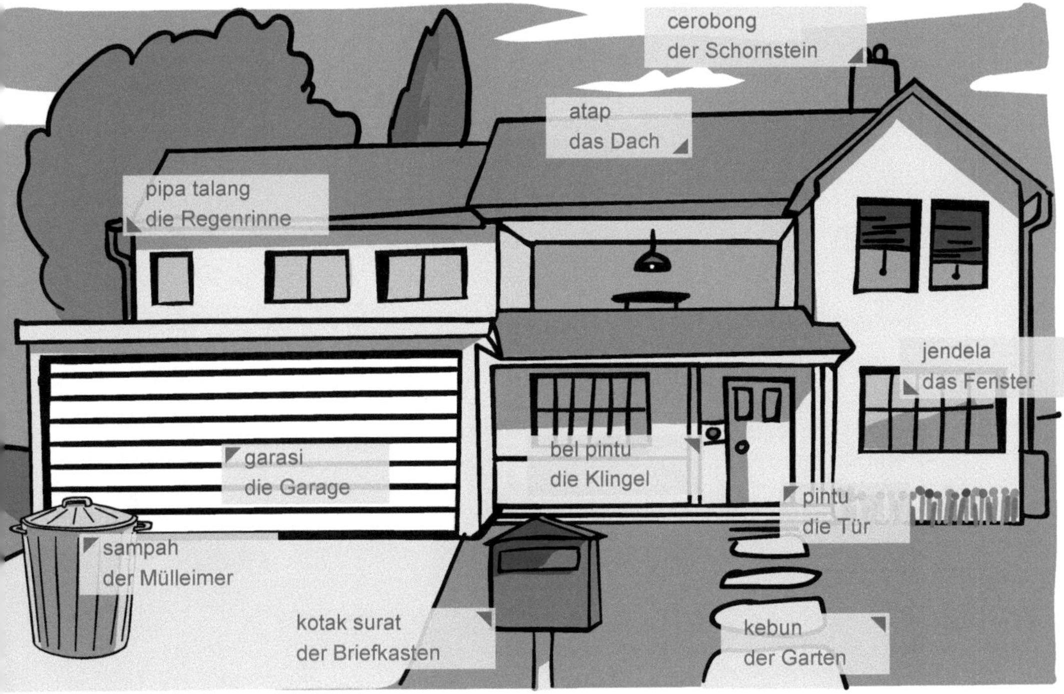

cerobong
der Schornstein
atap
das Dach
pipa talang
die Regenrinne
jendela
das Fenster
garasi
die Garage
bel pintu
die Klingel
pintu
die Tür
sampah
der Mülleimer
kotak surat
der Briefkasten
kebun
der Garten

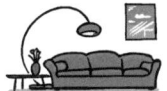

ruang tamu

das Wohnzimmer

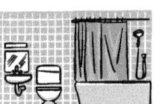

kamar mandi

das Badezimmer

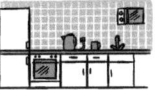

dapur

die Küche

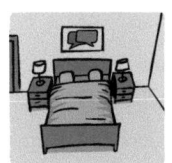

kamar tidur

das Schlafzimmer

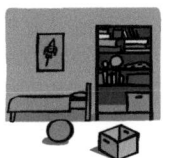

kamar anak

das Kinderzimmer

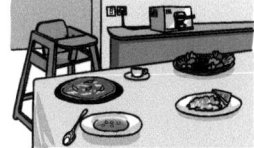

kamar makan

das Esszimmer

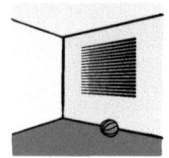

lantai

der Boden

tembok

die Wand

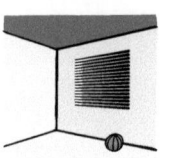

atap

die Decke

gudang di bawah tanah

der Keller

sauna

die Sauna

balkon

der Balkon

teras

die Terrasse

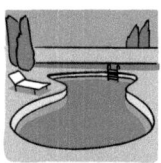

kolam renang

das Schwimmbad

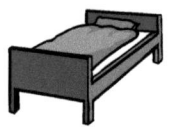

mesin pemotong rumput

der Rasenmäher

sprei

der Bettbezug

selimut

die Bettdecke

tempat tidur

das Bett

sapu

der Besen

ember

der Eimer

tombol

der Schalter

ruang tamu
das Wohnzimmer

kertas dinding
die Tapete
gambar
das Bild
lampu
die Lampe
rak
das Regal
kabinet
der Schrank
televisi
der Fernseher
perapian
der Kamin
bunga
die Blume
bantal
das Kissen
sofa
das Sofa
vas
die Vase
remote control
die Fernbedienung

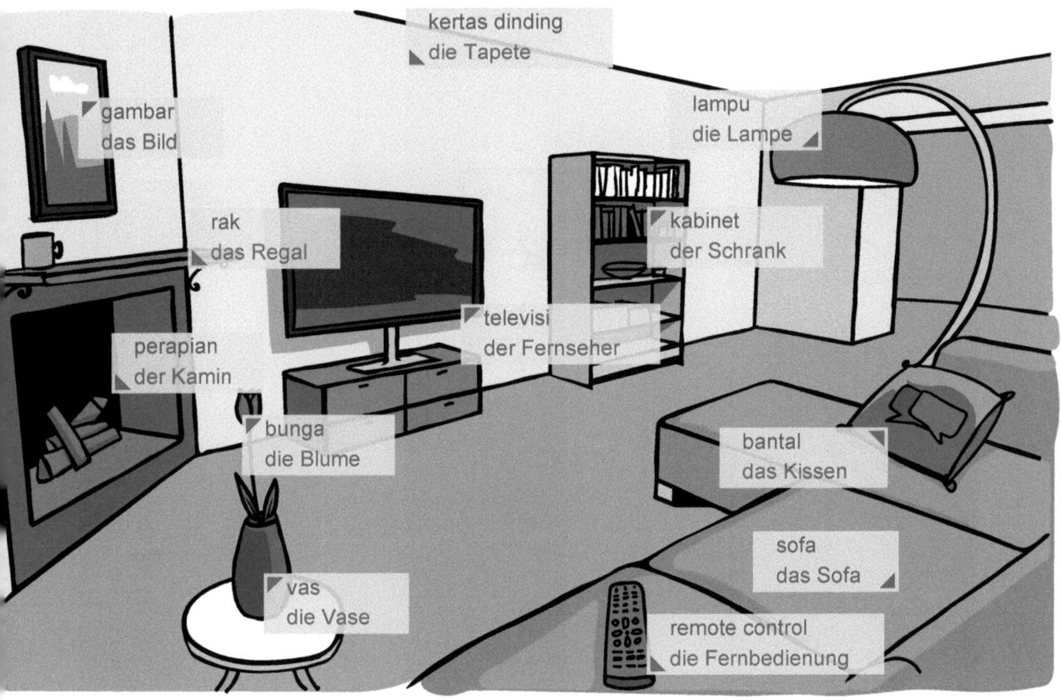

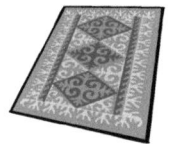

karpet

der Teppich

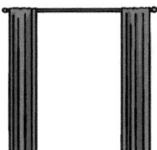

korden

der Vorhang

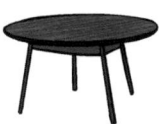

meja

der Tisch

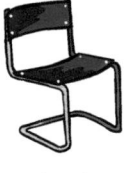

kursi

der Stuhl

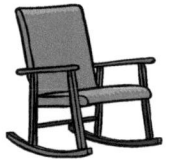

kursi goyang

der Schaukelstuhl

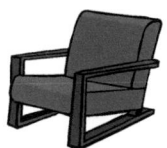

kursi malas

der Sessel

buku

das Buch

selimut

die Decke

dekorasi

die Dekoration

kayu bakar

das Feuerholz

filem

der Film

hi-fi

die Stereoanlage

kunci

der Schlüssel

koran

die Zeitung

lukisan

das Gemälde

poster

das Poster

radio

das Radio

buku tulis

der Notizblock

penyedot debu

der Staubsauger

kaktus

der Kaktus

lilin

die Kerze

dapur
die Küche

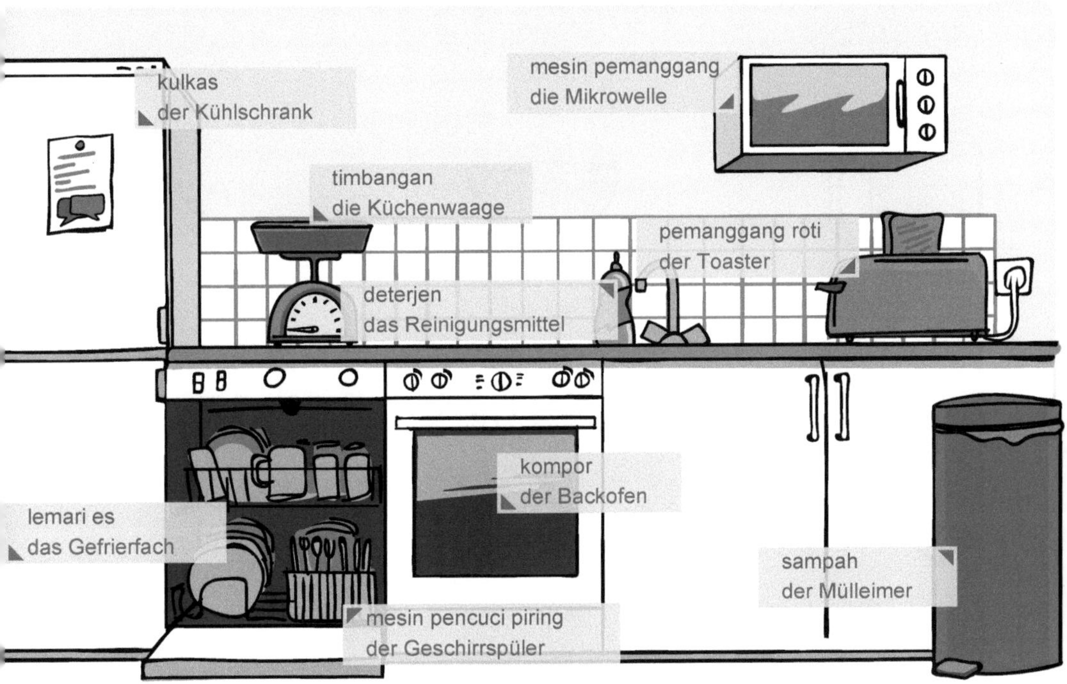
kulkas
der Kühlschrank
mesin pemanggang
die Mikrowelle
timbangan
die Küchenwaage
pemanggang roti
der Toaster
deterjen
das Reinigungsmittel
kompor
der Backofen
lemari es
das Gefrierfach
sampah
der Mülleimer
mesin pencuci piring
der Geschirrspüler

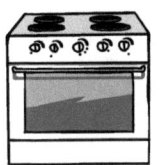

kompor
der Herd

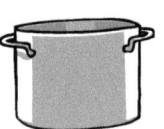

panci
der Topf

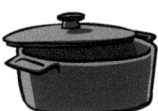

panci besi
der Eisentopf

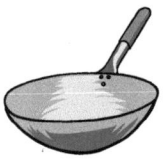

wajan
der Wok / Kadai

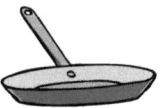

panci
die Pfanne

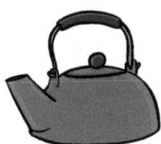

pemanas air
der Wasserkocher

panci pengukus makanan

der Dampfgarer

nampan

das Backblech

piring

das Geschirr

cangkir

der Becher

mangkok

die Schale

sumpit

die Essstäbchen

sendok sup

die Suppenkelle

sudip

der Pfannenwender

mengocok

der Schneebesen

saringan

das Kochsieb

saringan

das Sieb

parutan

die Reibe

mortir

der Mörser

barbeque

der Grill

api terbuka

die Feuerstelle

papan memotong

das Schneidebrett

gilingan

das Nudelholz

alat pembuka botol

der Korkenzieher

kaleng

die Dose

pembuka kaleng

der Dosenöffner

pegangan panci

der Topflappen

wastafel

das Waschbecken

sikat

die Bürste

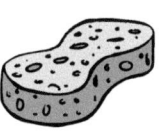

busa

der Schwamm

mesin pencampur

der Mixer

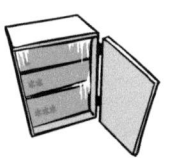

lemari es

die Gefriertruhe

botol bayi

die Babyflasche

keran

der Wasserhahn

kamar mandi
das Badezimmer

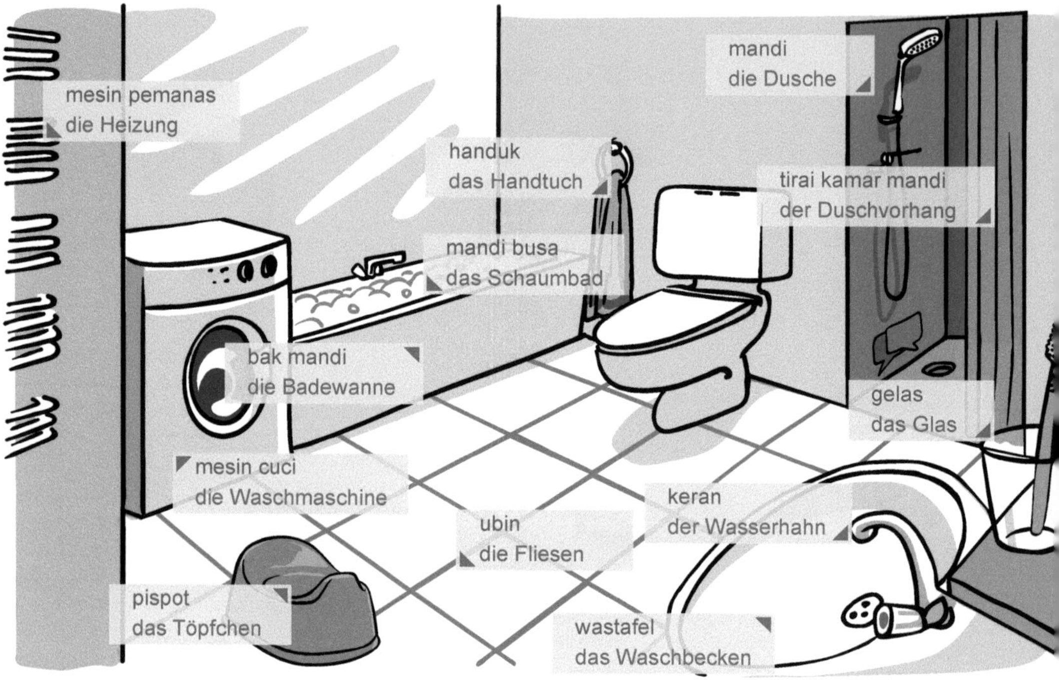
mesin pemanas
die Heizung
handuk
das Handtuch
mandi
die Dusche
tirai kamar mandi
der Duschvorhang
mandi busa
das Schaumbad
bak mandi
die Badewanne
gelas
das Glas
mesin cuci
die Waschmaschine
keran
der Wasserhahn
ubin
die Fliesen
pispot
das Töpfchen
wastafel
das Waschbecken

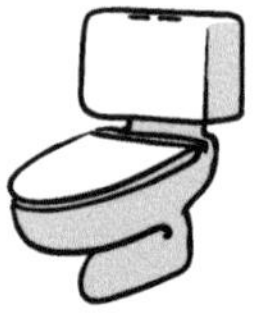

toilet
die Toilette

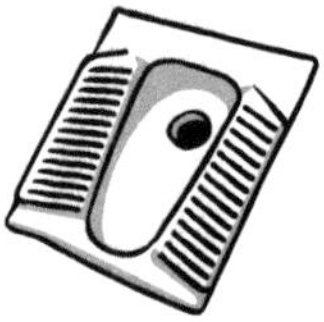

toilet jongkok
die Hocktoilette

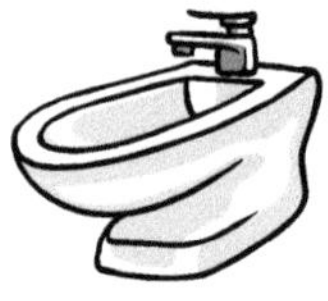

bidet
das Bidet

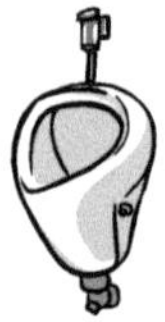

pissoir
das Pissoir

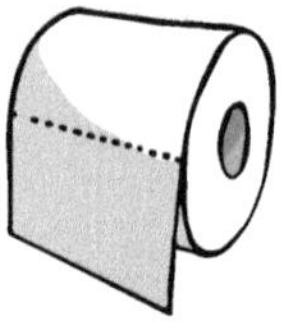

kertas toilet
das Toilettenpapier

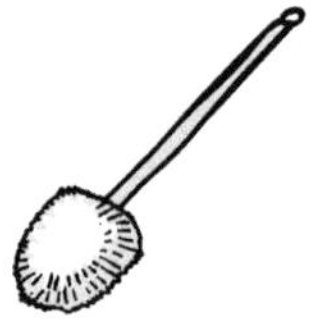

sikat toilet
die Toilettenbürste

sikat gigi

die Zahnbürste

pasta gigi

die Zahnpasta

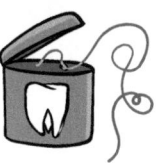

benang gigi

die Zahnseide

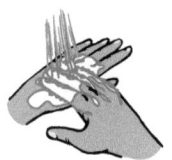

menyuci

waschen

pancuran tangan

die Handbrause

pancuran

die Intimdusche

bak

die Waschschüssel

sikat punggung

die Rückenbürste

sabun

die Seife

gel mandi

das Duschgel

sampo

das Shampoo

planel

der Waschlappen

kuras

der Abfluss

krim

die Creme

deodoran

das Deodorant

kaca

der Spiegel

cermin tangan

der Kosmetikspiegel

pisau cukur

der Rasierer

busa cukur

der Rasierschaum

aftershave

das Rasierwasser

sisir

der Kamm

sikat

die Bürste

alat pengering rambut

der Föhn

semprot rambut

das Haarspray

makeup

das Makeup

lipstik

der Lippenstift

cat kuku

der Nagellack

kapas

die Watte

gunting kuku

die Nagelschere

minyak wangi

das Parfum

kantong pencuci

der Kulturbeutel

bangku

der Hocker

timbangan

die Waage

mantel mandi

der Bademantel

sarung tangan karet

die Gummihandschuhe

tampon

das Tampon

handuk pembalut

die Damenbinde

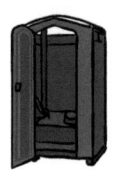

toilet kimia

die Chemietoilette

kamar anak

das Kinderzimmer

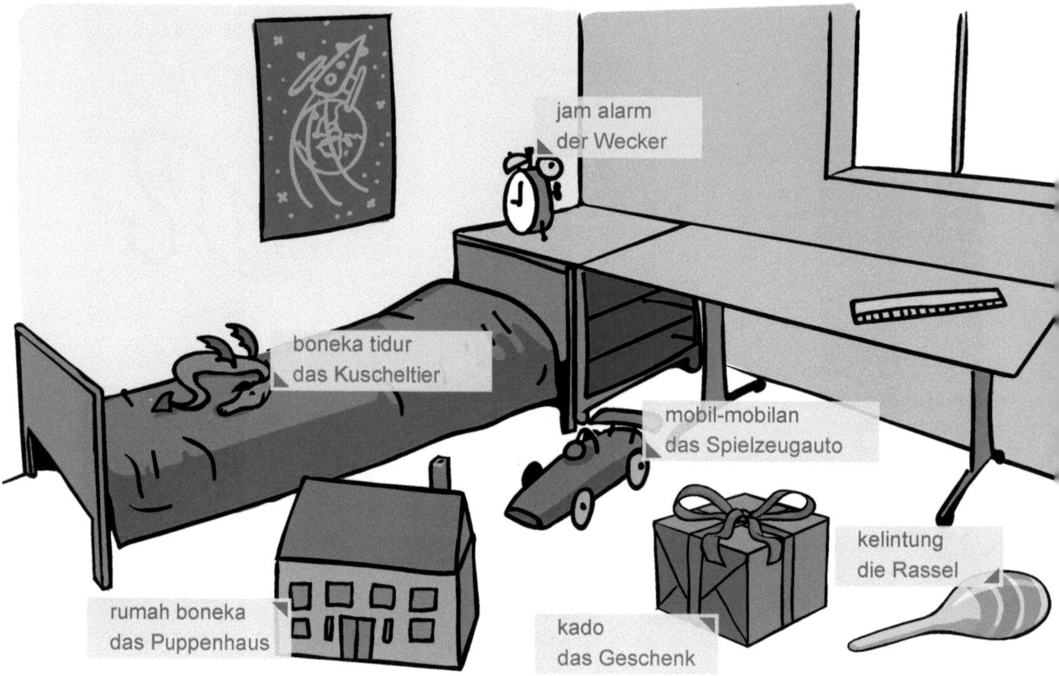
jam alarm
der Wecker
boneka tidur
das Kuscheltier
mobil-mobilan
das Spielzeugauto
kelintung
die Rassel
rumah boneka
das Puppenhaus
kado
das Geschenk

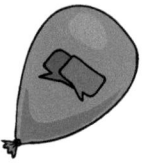

balon

der Ballon

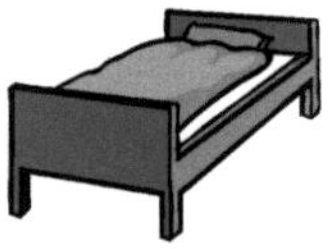

tempat tidur

das Bett

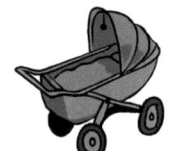

kereta bayi

der Kinderwagen

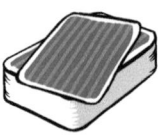

mainan kartu

das Kartenspiel

teka-teki

das Puzzle

SUPER
MEGA

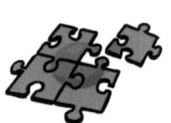

komik

der Comic

mainan lego

die Legosteine

blok mainan

die Bausteine

figur aksi

die Action Figur

baju monyet

der Strampelanzug

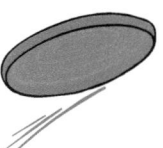

frisbee

das Frisbee

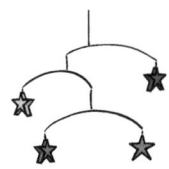

mobile

das Mobile

permainan papan

das Brettspiel

dadu

der Würfel

set model kreta api

die Modelleisenbahn

dot

der Schnuller

pesta

die Party

buku gambar

das Bilderbuch

bola

der Ball

boneka

die Puppe

bermain

spielen

tempat main pasir

der Sandkasten

ayunan

die Schaukel

mainan

das Spielzeug

video game konsol

die Spielkonsole

sepeda roda tiga

das Dreirad

teddy

der Teddy

lemari pakaian

der Kleiderschrank

pakaian

die Kleidung

kaos kaki

die Socken

kaos kaki

die Strümpfe

baju ketat

die Strumpfhose

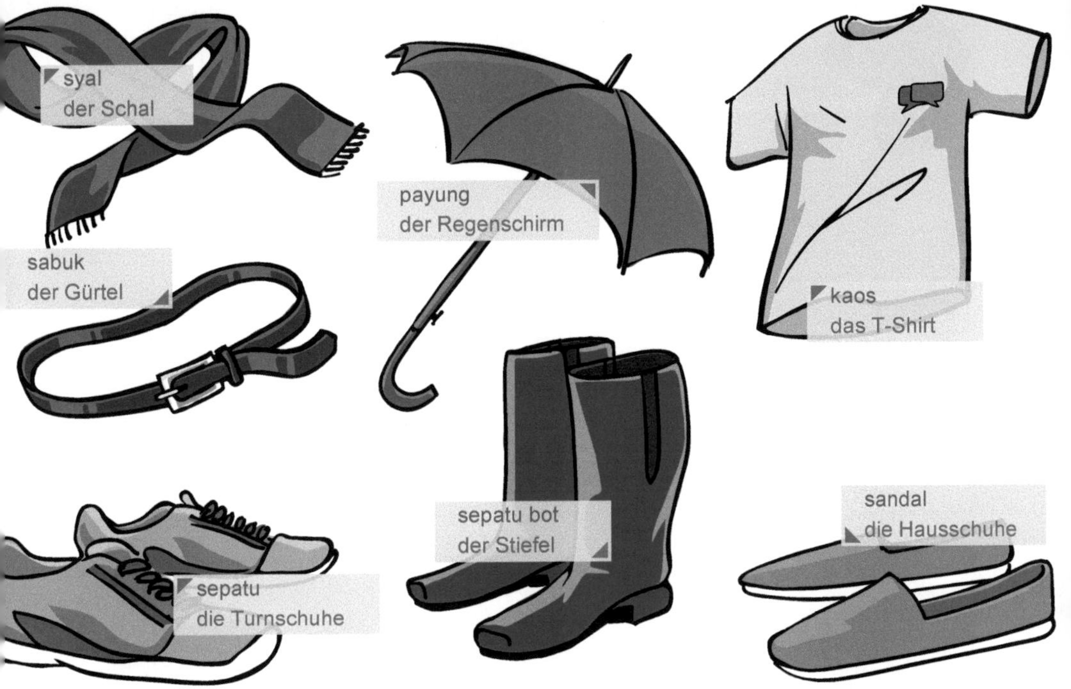

syal
der Schal

sabuk
der Gürtel

payung
der Regenschirm

kaos
das T-Shirt

sepatu
die Turnschuhe

sepatu bot
der Stiefel

sandal
die Hausschuhe

sandal

die Sandalen

sepatu

die Schuhe

sepatu bot karet

die Gummistiefel

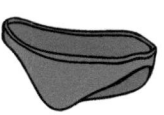

celana dalam

die Unterhose

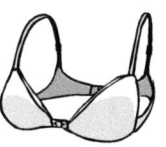

BH

der Büstenhalter

baju rompi

das Unterhemd

body
der Body

celana
die Hose

jeans
die Jeans

rok
der Rock

blus
die Bluse

kemeja
das Hemd

aket berkerudung
der Pullover

sweater
der Kapuzenpullover

jaket
der Blazer

jaket
die Jacke

mantel
der Mantel

jas hujan
der Regenmantel

kostum
das Kostüm

gaun
das Kleid

gaun pengantin
das Hochzeitskleid

setelan resmi

der Anzug

gaun tidur

das Nachthemd

piyama

der Schlafanzug

sari

der Sari

jilbab

das Kopftuch

turban

der Turban

burka

die Burka

kaftan

der Kaftan

abaya

die Abaya

pakaian renang

der Badeanzug

celana renang

die Badehose

celana pendek

die kurze Hose

olah raga

der Trainingsanzug

celemek

die Schürze

sarung tangan

die Handschuhe

kancing

der Knopf

kacamata

die Brille

gelang

das Armband

kalung

die Halskette

cincin

der Ring

anting

der Ohrring

topi

die Mütze

gantungan mantel

der Kleiderbügel

topi

der Hut

dasi

die Krawatte

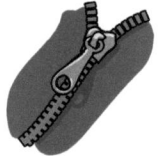

ritsleting

der Reißverschluss

helm

der Helm

tali selempang

der Hosenträger

seragam sekolah

die Schuluniform

seragam

die Uniform

pakaian - die Kleidung

oto

das Lätzchen

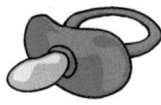

dot

der Schnuller

popok

die Windel

kantor

das Büro

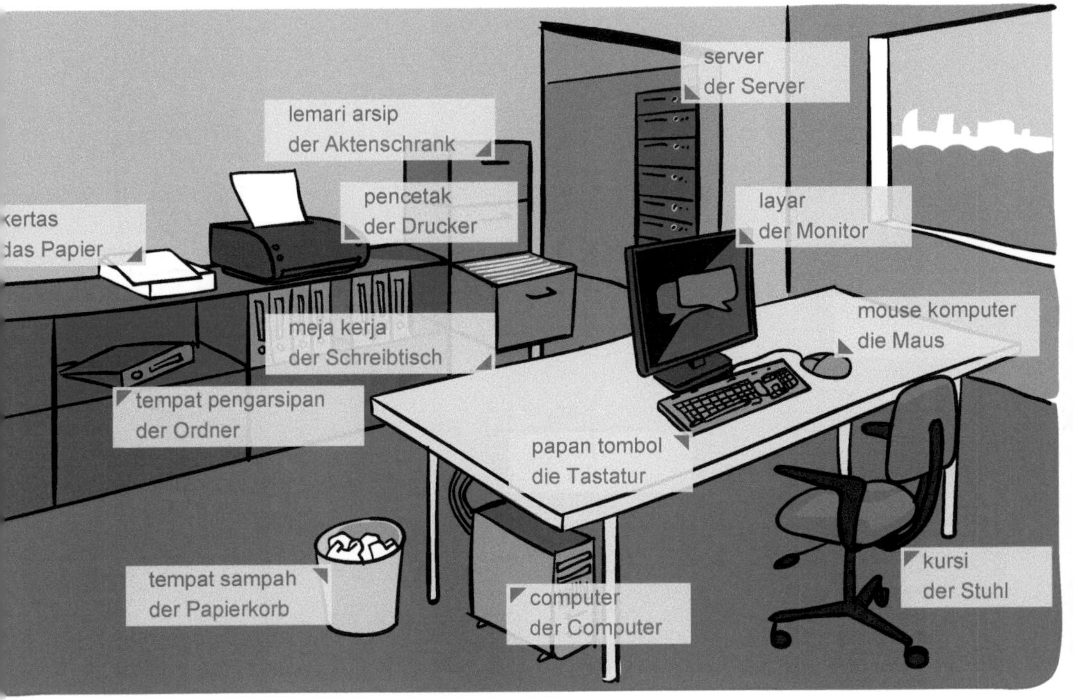

lemari arsip
der Aktenschrank

server
der Server

pencetak
der Drucker

layar
der Monitor

kertas
das Papier

meja kerja
der Schreibtisch

mouse komputer
die Maus

tempat pengarsipan
der Ordner

papan tombol
die Tastatur

tempat sampah
der Papierkorb

computer
der Computer

kursi
der Stuhl

cangkir kopi

der Kaffeebecher

kalkulator

der Taschenrechner

internet

das Internet

laptop

der Laptop

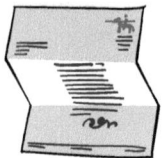

surat

der Brief

pesan

die Nachricht

telepon seluler

das Handy

jaringan

das Netzwerk

fotokopi

der Kopierer

software

die Software

telepon

das Telefon

plug soket

die Steckdose

mesin fax

das Fax

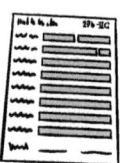

formulir

das Formular

dokumen

das Dokument

membeli

kaufen

membayar

bezahlen

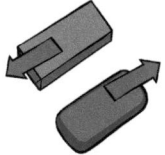

berdagang

handeln

uang

das Geld

Dollar

der Dollar

Euro

der Euro

Yen

der Yen

Rubel

der Rubel

Franc Swiss

der Franken

Renminbi Yuan

der Renminbi Yuan

Rupiah

die Rupie

ATM

der Geldautomat

kantor pertukaran mata uang

die Wechselstube

emas

das Gold

perak

das Silber

minyak

das Öl

energi

die Energie

harga

der Preis

kontrak

der Vertrag

pajak

die Steuer

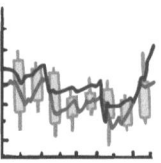

saham

die Aktie

bekerja

arbeiten

karyawan

der Angestellte

majikan

der Arbeitgeber

pabrik

die Fabrik

toko

das Geschäft

pekerjaan
die Berufe

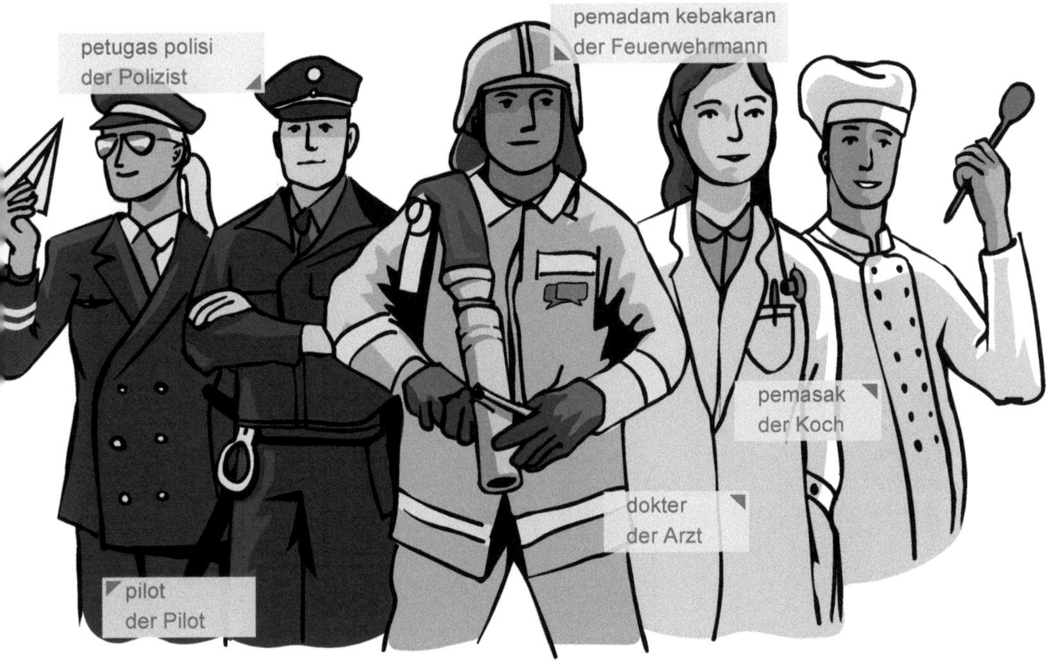
petugas polisi
der Polizist
pemadam kebakaran
der Feuerwehrmann
pemasak
der Koch
dokter
der Arzt
pilot
der Pilot

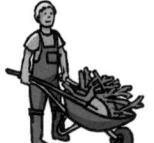

tukan kebun

der Gärtner

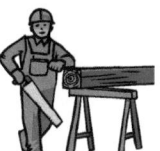

tukang kayu

der Tischler

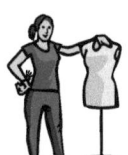

penjahit wanita

die Näherin

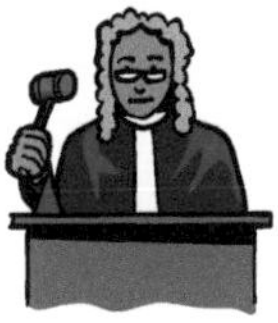

hakim

der Richter

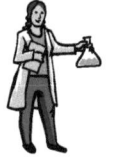

ahli kimia

der Chemiker

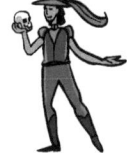

aktor

der Schauspieler

sopir bis

der Busfahrer

sopir taksi

der Taxifahrer

nelayan

der Fischer

pembantu

die Putzfrau

tukang atap

der Dachdecker

pelayan

der Kellner

pemburu

der Jäger

pelukis

der Maler

tukang roti

der Bäcker

tukang listrik

der Elektriker

pembangun

der Bauarbeiter

insinyur

der Ingenieur

tukang daging

der Schlachter

tukang ledeng

der Klempner

tukang pos

der Postbote

tentara

der Soldat

arsitek

der Architekt

kasir

der Kassierer

penjual bunga

der Florist

penata rambut

der Friseur

konduktor

der Schaffner

montir

der Mechaniker

kapten

der Kapitän

dokter gigi

der Zahnarzt

ilmuwan

der Wissenschaftler

rabbi

der Rabbi

imam

der Imam

biarawan

der Mönch

pendeta

der Geistliche

alat

die Werkzeuge

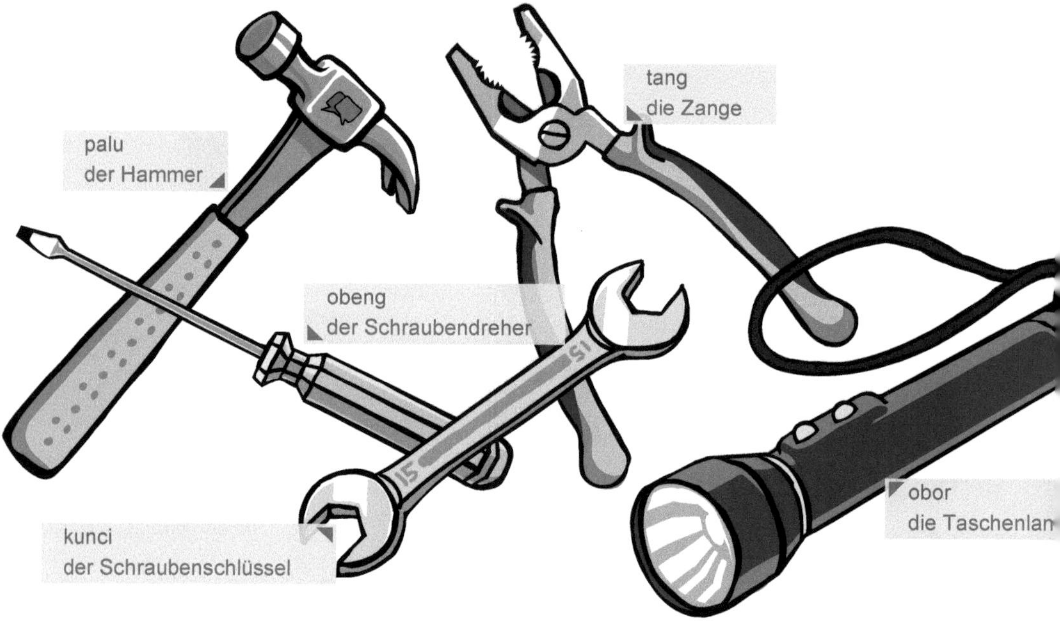
palu
der Hammer
tang
die Zange
obeng
der Schraubendreher
kunci
der Schraubenschlüssel
obor
die Taschenlan

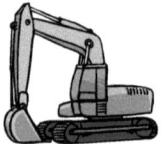

penggali

der Bagger

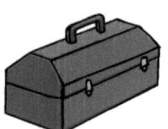

tas perkakas

der Werkzeugkasten

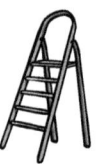

tangga

die Leiter

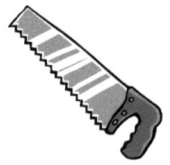

gergaji

die Säge

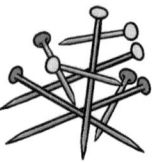

paku

die Nägel

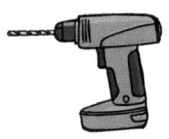

bor

der Bohrer

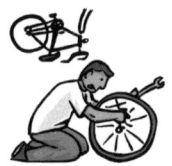

perbaikan

reparieren

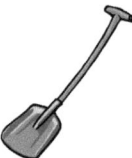

sekop

die Schaufel

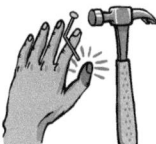

Sialan!

Mist!

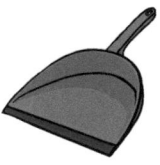

cikrak

das Kehrblech

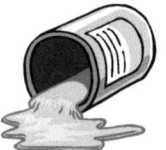

pot cat

der Farbtopf

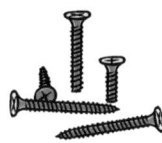

sekrup

die Schrauben

alat musik

die Musikinstrumente

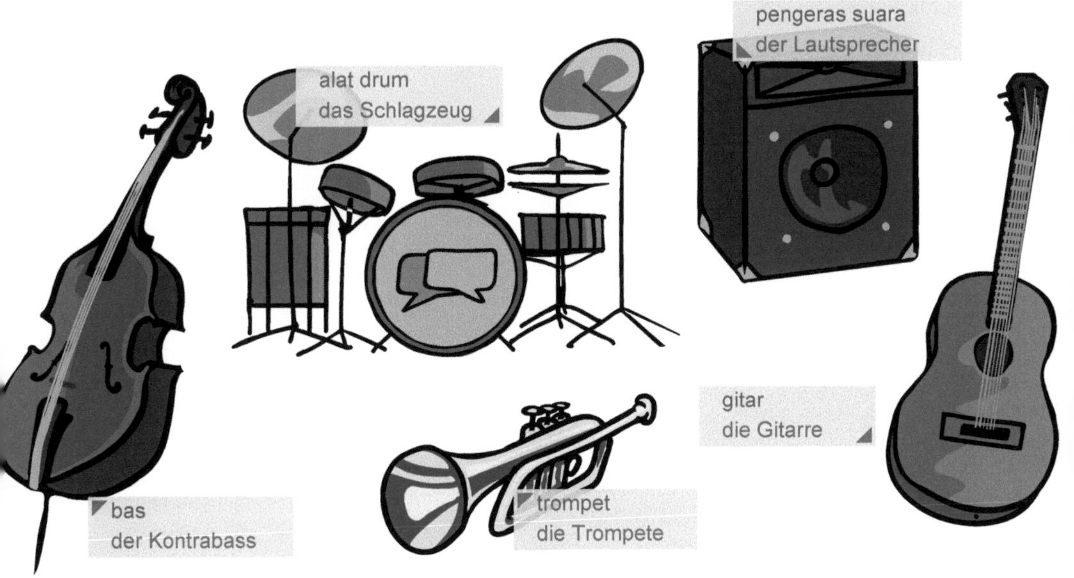
pengeras suara
der Lautsprecher
alat drum
das Schlagzeug
gitar
die Gitarre
bas
der Kontrabass
trompet
die Trompete

piano

das Klavier

violin

die Violine

bass

der Bass

tambur

die Pauke

drum

die Trommeln

keyboard

das Keyboard

saksofon

das Saxophon

suling

die Flöte

mikrofon

das Mikrofon

kebun binatang

der Zoo

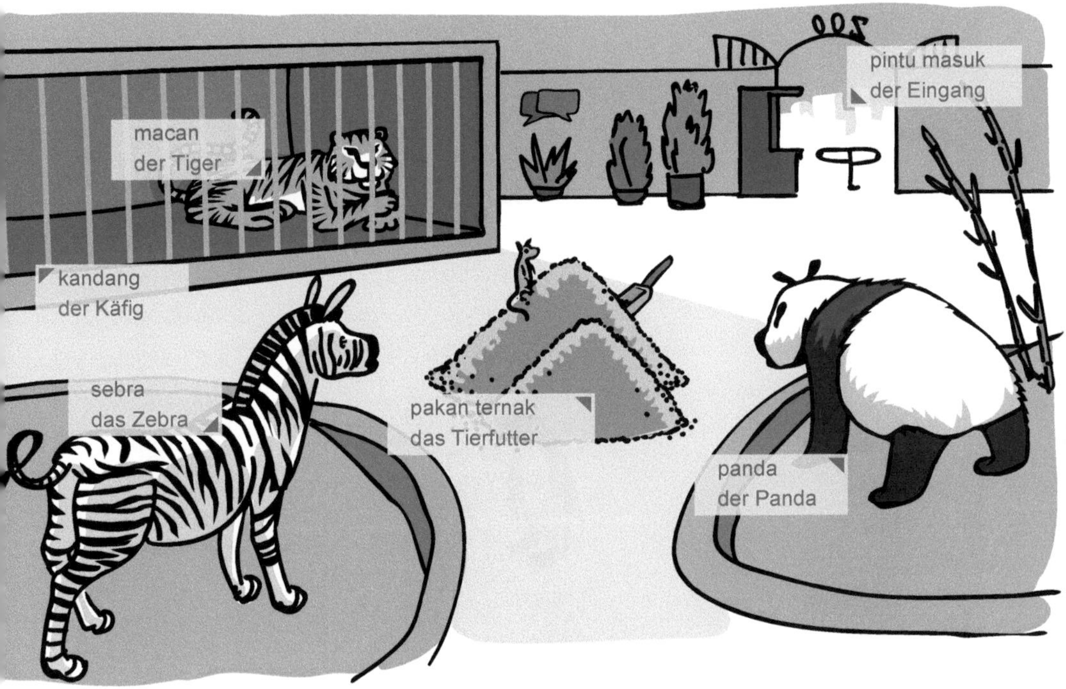

zoo
pintu masuk
der Eingang
macan
der Tiger
kandang
der Käfig
sebra
das Zebra
pakan ternak
das Tierfutter
panda
der Panda

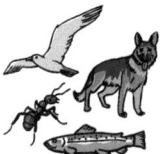

hewan
die Tiere

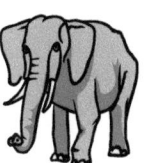

gajah
der Elefant

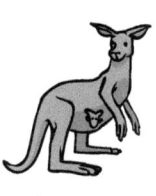

kanguru
das Känguruh

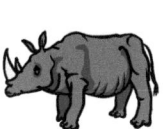

badak
das Nashorn

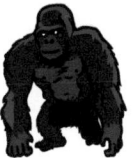

gorila
der Gorilla

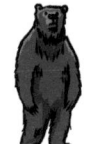

beruang
der Bär

unta

das Kamel

burung unta

der Strauß

singa

der Löwe

monyet

der Affe

flamingo

der Flamingo

burung beo

der Papagei

beruang polar

der Eisbär

penguin

der Pinguin

hiu

der Hai

merak

der Pfau

ular

die Schlange

buaya

das Krokodil

penjaga kebun binatang

der Zoowärter

segel

die Robbe

jaguar

der Jaguar

kuda poni

das Pony

macan tutul

der Leopard

kuda nil

das Nilpferd

jerapah

die Giraffe

burung elang

der Adler

babi jantan

das Wildschwein

ikan

der Fisch

kura-kura

die Schildkröte

anjing laut

das Walross

rubah

der Fuchs

kijang

die Gazelle

american football
das American Football

naik sepeda
das Radfahren

tennis
das Tennis

basketbal
der Basketball

bernang
das Schwimmen

hoki es
das Eishockey

tinju
das Boxen

sepak bola
der Fußball

badminton
das Badminton

atletik
die Leichtathletik

bola tangan
der Handball

main ski
das Skilaufen

polo
das Polo

aktivitas

die Aktivitäten

ketawa
lachen
meloncat
springen
memeluk
umarmen
berjalan
gehen
menyanyi
singen
mengimpi
träumen
berdoa
beten
mencium
küssen

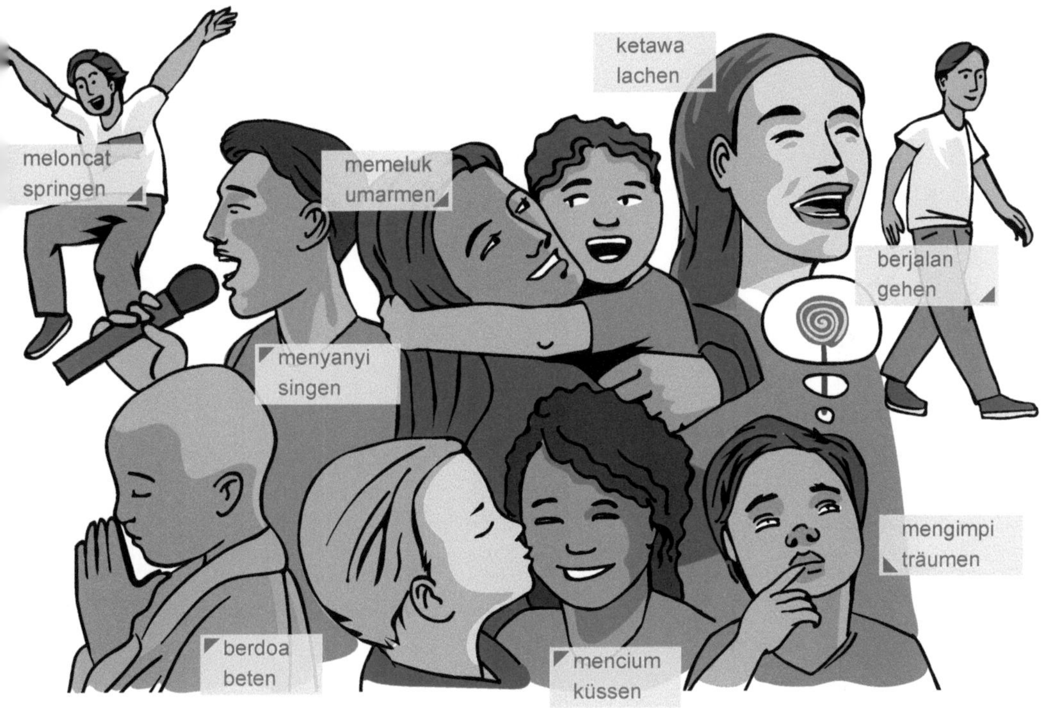

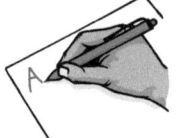

menulis

schreiben

melukis

zeichnen

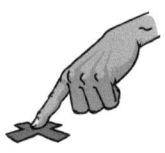

menunjuk

zeigen

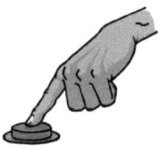

mendorong

drücken

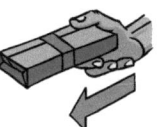

memberikan

geben

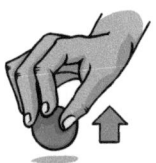

mengambil

nehmen

mempunyai

haben

melakukan

tun

adalah

sein

berdiri

stehen

berlari

laufen

menarik

ziehen

melempar

werfen

jatuh

fallen

tidur

liegen

menunggu

warten

membawa

tragen

duduk

sitzen

berpakaian

anziehen

tidur

schlafen

bangun

aufwachen

melihat

ansehen

menangis

weinen

mengelus

streicheln

menyisir

kämmen

berbicara

reden

mengerti

verstehen

menanyak

fragen

mendengar

hören

minum

trinken

makan

essen

merapikan

aufräumen

cinta

lieben

memasak

kochen

menyetir

fahren

terbang

fliegen

aktivitas - die Aktivitäten

berlayar

segeln

menghitung

rechnen

membaca

lesen

belajar

lernen

bekerja

arbeiten

menikah

heiraten

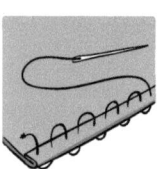

menjahit

nähen

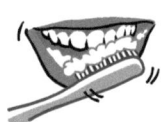

sikat gigi

Zähne putzen

membunuh

töten

merokok

rauchen

kirim

senden

nek
Großmutter

kakek
der Großvater

bapak
der Vater

ibu
die Mutter

bayi
das Baby

putri
die Tochter

putra
der Sohn

tamu
der Gast

bibi
die Tante

paman
der Onkel

kakak laki
der Bruder

kakak perempuan
die Schwester

badan

der Körper

dahi
die Stirn
mata
das Auge
bahu
die Schulter
jari
der Finger
muka
das Gesicht
dagu
das Kinn
tangan
die Hand
payudara
die Brust
kaki
das Bein
lengan
der Arm

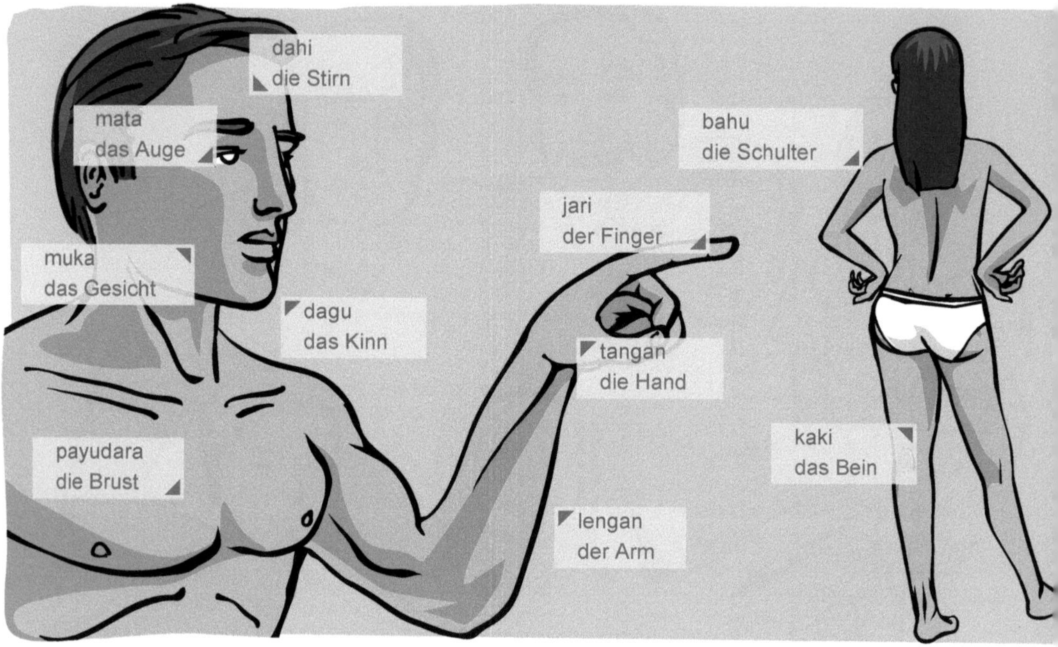

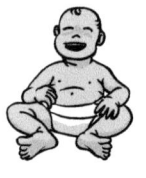

bayi

das Baby

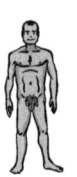

pria

der Mann

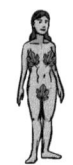

wanita

die Frau

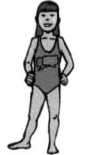

perempuan

das Mädchen

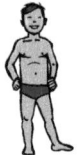

laki

der Junge

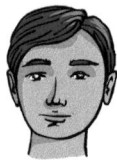

kepala

der Kopf

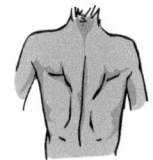

punggung

der Rücken

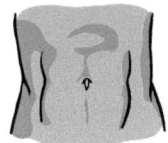

perut

der Bauch

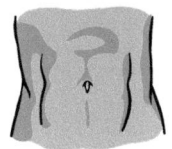

pusar

der Nabel

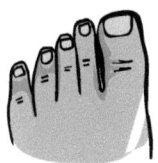

toe

der Zeh

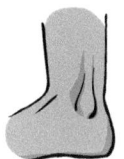

tumit

die Ferse

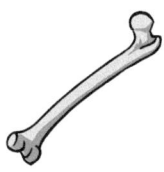

tulang

der Knochen

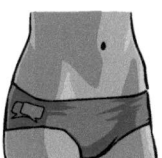

pinggang

die Hüfte

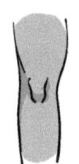

lutut

das Knie

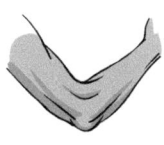

siku

der Ellenbogen

hidung

die Nase

pantat

das Gesäß

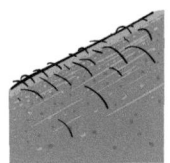

kulit

die Haut

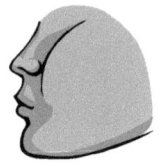

pipi

die Wange

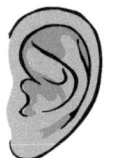

telinga

das Ohr

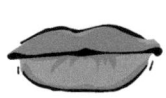

bibir

die Lippe

badan - der Körper

mulut

der Mund

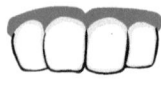

gigi

der Zahn

lidah

die Zunge

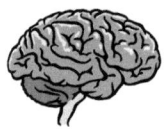

otak

das Gehirn

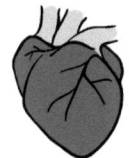

jantung

das Herz

otot

der Muskel

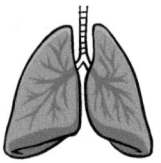

paru-paru

die Lunge

hati

die Leber

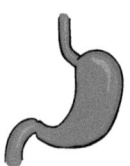

stomach

der Magen

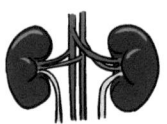

ginjal

die Nieren

hubungan seks

der Geschlechtsverkehr

kondom

das Kondom

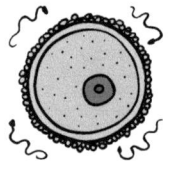

sel telur

die Eizelle

sperma

das Sperma

kehamilan

die Schwangerschaft

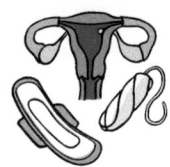

menstruasi

die Menstruation

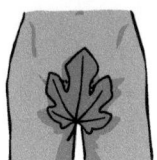

vagina

die Vagina

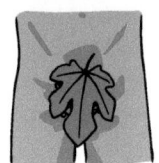

penis

der Penis

alis

die Augenbraue

rambut

das Haar

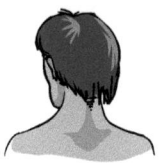

leher

der Hals

rumah sakit
das Krankenhaus

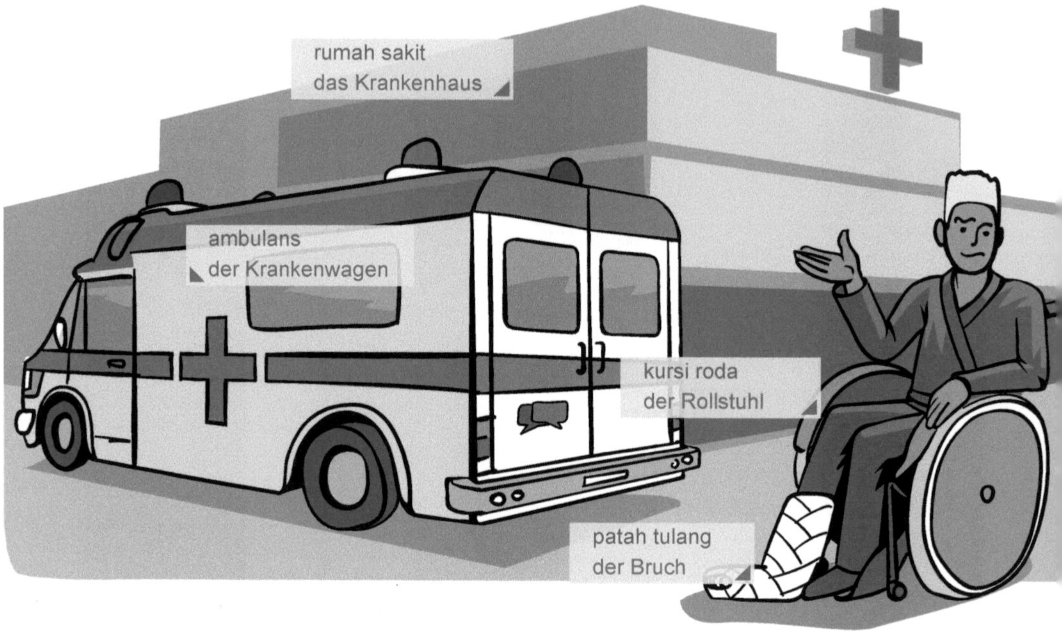

rumah sakit
das Krankenhaus
ambulans
der Krankenwagen
kursi roda
der Rollstuhl
patah tulang
der Bruch

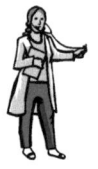

dokter

der Arzt

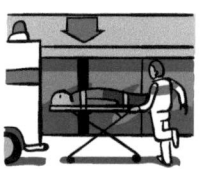

ruang darurat

die Notaufnahme

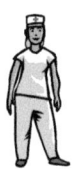

perawat

die Krankenschwester

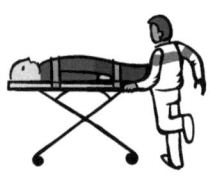

darurat

der Notfall

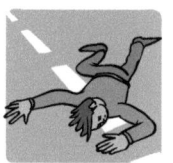

semaput

ohnmächtig

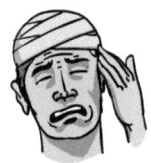

sakit

der Schmerz

cedera
die Verletzung

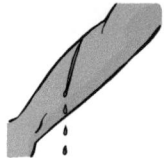

perdarahan
die Blutung

serangan jantung
der Herzinfarkt

stroke
der Schlaganfall

alergi
die Allergie

batuk
der Husten

demam
das Fieber

flu
die Grippe

diare
der Durchfall

sakit kepala
die Kopfschmerzen

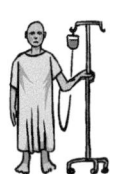

kanker
der Krebs

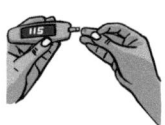

diabetes
die Diabetis

ahli bedah
der Chirurg

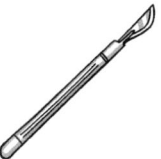

pisau bedah
das Skalpell

operasi
die Operation

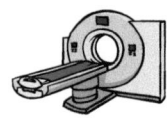

CT
das CT

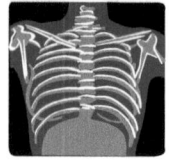

sinar x
das Röntgen

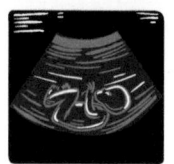

usg
das Ultraschall

topeng
die Maske

penyakit
die Krankheit

ruang tunggu
das Wartezimmer

penyokong
die Krücke

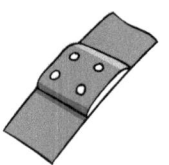

plester
das Pflaster

perban
der Verband

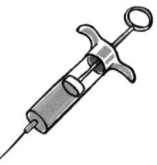

injeksi
die Injektion

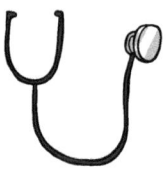

stetoskop
das Stethoskop

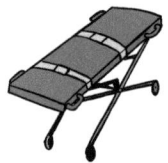

usungan
die Trage

termometer klinis
das Thermometer

kelahiran
die Geburt

kelebihan berat badan
das Übergewicht

alat pendengar

das Hörgerät

desinfektan

das Desinfektionsmittel

infeksi

die Infektion

virus

das Virus

HIV / AIDS

das HIV / AIDS

obat

die Medizin

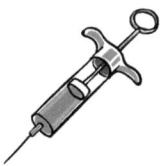

vaksinasi

die Impfung

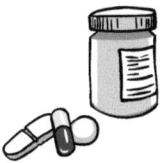

tablet

die Tabletten

pil

die Pille

panggilan darurat

der Notruf

ukur tekanan darah

das Blutdruck-Messgerät

sakit / sehat

krank / gesund

Tolong!

Hilfe!

alarm

der Alarm

penyerbuan

der Überfall

serangan

der Angriff

bahaya

die Gefahr

pintu darurat

der Notausgang

Api!

Feuer!

alat pemadam kebakaran

der Feuerlöscher

kecelakaan

der Unfall

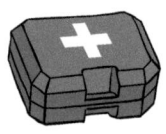

kit pertolongan pertama

der Erste-Hilfe-Koffer

SOS

SOS

polisi

die Polizei

Eropa

das Europa

Amerika Utara

das Nordamerika

Amerika Selatan

das Südamerika

Afrika

das Afrika

Asia

das Asien

Australi

das Australien

Atlantik

der Atlantik

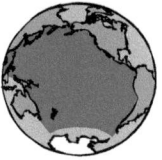

Pasifik

der Pazifik

Samudra India

der Indische Ozean

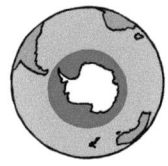

Samudra Antartika

der Antarktische Ozean

Samudra Arktik

der Arktische Ozean

kutub utara

der Nordpol

kutub selatan

der Südpol

Antarktika

die Antarktis

bumi

die Erde

tanah

das Land

laut

das Meer

pulau

die Insel

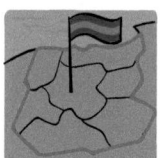

bangsa

die Nation

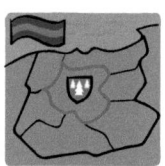

negara

der Staat

jam wajah

das Zifferblatt

jarum pendek

der Stundenzeiger

jarum menit

der Minutenzeiger

jarum detik

der Sekundenzeiger

Jam berapa?

Wie spät ist es?

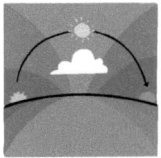

hari

der Tag

waktu

die Zeit

sekarang

jetzt

jam digital

die Digitaluhr

menit

die Minute

jam

die Stunde

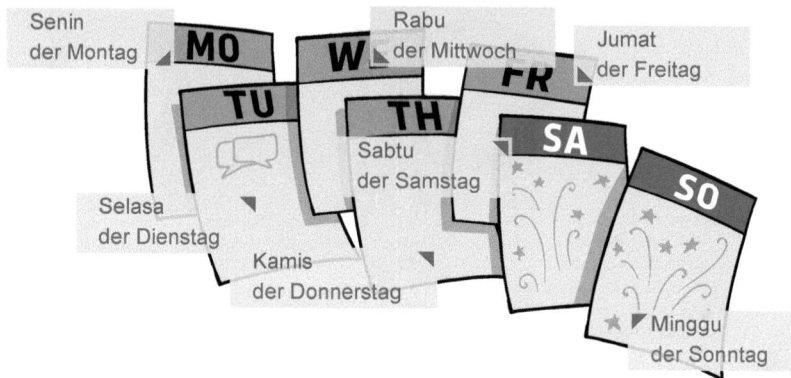

Senin — der Montag
Selasa — der Dienstag
Rabu — der Mittwoch
Kamis — der Donnerstag
Jumat — der Freitag
Sabtu — der Samstag
Minggu — der Sonntag

kemaren

gestern

hari ini

heute

besok

morgen

pagi

der Morgen

siang

der Mittag

malam

der Abend

hari kerja

die Arbeitstage

akhir minggu

das Wochenende

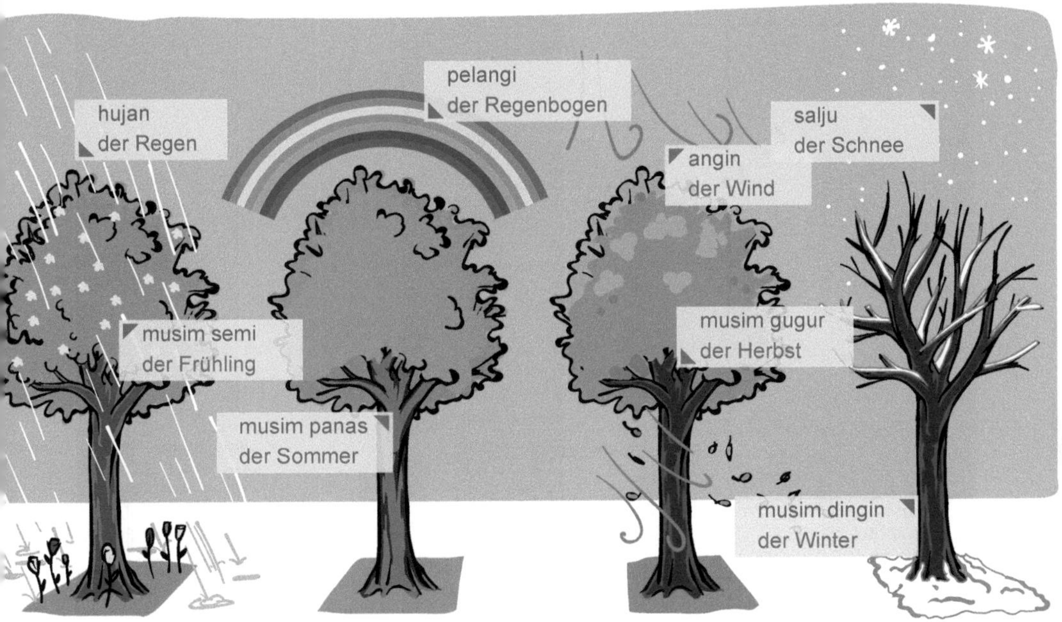

hujan
der Regen
pelangi
der Regenbogen
salju
der Schnee
angin
der Wind
musim semi
der Frühling
musim gugur
der Herbst
musim panas
der Sommer
musim dingin
der Winter

4.APRIL 11°
5.APRIL 4°
6.APRIL 13°
7.APRIL 8°
8.APRIL 10°

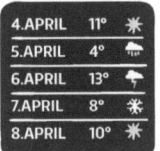

ramalan cuaca

die Wettervorhersage

F C
120 40
90 30
60 20
30 10
0 0
-30 -10
-20

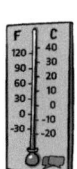

termometer

das Thermometer

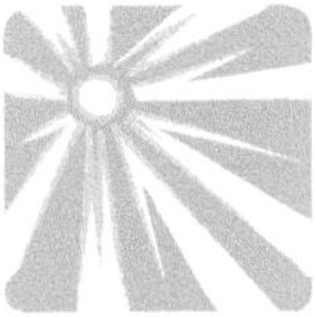

matahari

der Sonnenschein

awan

die Wolke

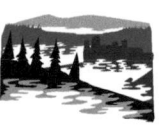

kabut

der Nebel

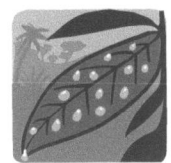

kelembahan

die Luftfeuchtigkeit

kilat

der Blitz

guntur

der Donner

badai

der Sturm

hujan es

der Hagel

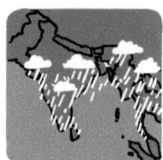

monsun

der Monsun

banjir

die Flut

es

das Eis

Januari

der Januar

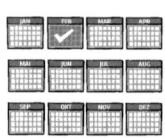

Februari

der Februar

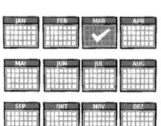

Maret

der März

April

der April

Mei

der Mai

Juni

der Juni

Juli

der Juli

Agustus

der August

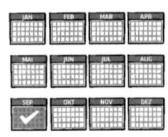

September
der September

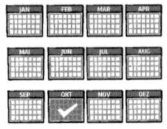

Oktober
der Oktober

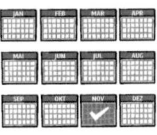

November
der November

Desember
der Dezember

lingkaran
der Kreis

persegi
das Quadrat

persegi panjang
das Rechteck

segi tiga
das Dreieck

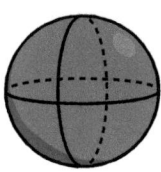

bola
die Kugel

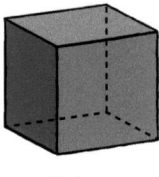

kubus
der Würfel

putih

weiß

kuning

gelb

oranye

orange

pink

pink

merah

rot

ungu

lila

biru

blau

hijau

grün

coklat

braun

abu-abu

grau

hitam

schwarz

banyak / sedikit

viel / wenig

marah / tenang

wütend / friedlich

cantik / jelek

hübsch / hässlich

mulaih / selesai

der Anfang / das Ende

besar / kecil

groß / klein

terang / gelap

hell / dunkel

saudara laki-laki / saudara perempuan

der Bruder / die Schwester

bersih / kotor

sauber / schmutzig

lengkap / tidak lengkap

vollständig / unvollständig

hari / malam

der Tag / die Nacht

mati / hidup

tot / lebendig

luas / sempit

breit / schmal

dapat dimakan / tidak dapat
dimakan

genießbar / ungenießbar

jahat / baik

böse / freundlich

bersemangat / bosan

aufgeregt / gelangweilt

gemuk / kurus

dick / dünn

pertama / terakhir

zuerst / zuletzt

teman / musuh

der Freund / der Feind

penuh / kosong

voll / leer

keras / lembut

hart / weich

berat / enteng

schwer / leicht

lapar / haus

der Hunger / der Durst

sakit / sehat

krank / gesund

ilegal / legal

illegal / legal

cerdas / bodoh

intelligent / dumm

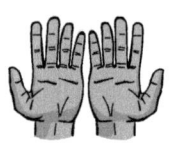

kiri / kanan

links / rechts

dekat / jauh

nah / fern

baru / bekas

neu / gebraucht

tidak ada apapun / sesuatu

nichts / etwas

tua / muda

alt / jung

nyala / mati

an / aus

buka / tutup

offen / geschlossen

tenang / keras

leise / laut

kaya / miskin

reich / arm

benar / salah

richtig / falsch

kasar / halus

rau / glatt

sedih / gembira

traurig / glücklich

pendek / panjang

kurz / lang

pelan-pelan / cepat

langsam / schnell

basah / kering

nass / trocken

hangat / sejuk

warm / kühl

perang / damai

der Krieg / der Frieden

0

nol

null

1

satu

eins

2

dua

zwei

3

tiga

drei

4

empat

vier

5

lima

fünf

6

enam

sechs

7

tujuh

sieben

8

delapan

acht

9

sembilan

neun

10

sepuluh

zehn

11

sebelas

elf

12

duabelas

zwölf

13

tigabelas

dreizehn

14

empatbelas

vierzehn

15

limabelas

fünfzehn

16

enambelas

sechzehn

17

tujuhbelas

siebzehn

18

delapanbelas

achtzehn

19

sembilanbelas

neunzehn

20

duapuluh

zwanzig

100

seratus

hundert

1.000

seribu

tausend

1.000.000

juta

million

die Sprachen

Inggris

Englisch

bahasa Inggris Amerika

Amerikanisches Englisch

bahasa Cina Mandarin

Chinesisch Mandarin

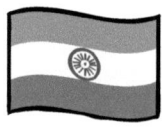

bahasa Hindi

Hindi

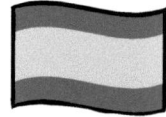

bahasa Spanyol

Spanisch

bahasa Perancis

Französisch

bahasa Arab

Arabisch

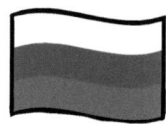

bahasa Rusia

Russisch

bahasa Portugis

Portugiesisch

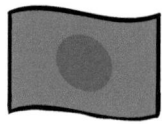

bahasa Bengal

Bengalisch

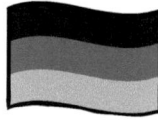

bahasa Jerman

Deutsch

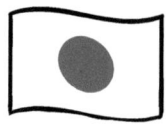

bahasa Jepang

Japanisch

saya

ich

kamu

du

dia

er / sie / es

kita

wir

kalian

ihr

mereka

sie

siapa?

wer?

apa?

was?

begaimana?

wie?

dimana?

wo?

kapan?

wann?

nama

Name

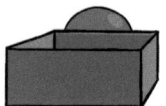

dibelakang

hinter

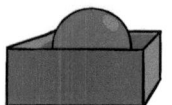

di

in

didepan

vor

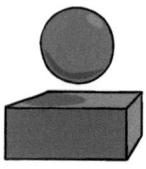

diatas

über

diatas

auf

dibawah

unter

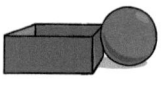

sebelah

neben

di antara

zwischen

tempat

der Ort